MARKETING TURÍSTICO

DAVID DE MATÍAS

www.marketingturistico.guiaburros.es

EDITATUM

Diseño de cubierta: © Looking4

Maquetación de interior: © Editatum

Primera edición: Enero de 2019

ISBN: 978-84-17681-11-1

Depósito legal: M-6789-2019

IMPRESO EN ESPAÑA/ PRINTED IN SPAIN

Si después de leer este libro, lo ha considerado como útil e interesante, le agradeceríamos que hiciera sobre él una **reseña honesta en Amazon** y nos enviara un e-mail a **opiniones@guia-burros.com** para poder, desde la editorial, enviarle **como regalo otro libro de nuestra colección.**

Agradecimientos

En primer lugar quisiera empezar este apartado agradeciendo todo el apoyo y confianza que me brinda mi mujer, Margarita, con su amor, cariño y luz todo camino es fácil de seguir y la vida es un sueño hecho en realidad cada mañana al abrir mis ojos. Con ella cada reto que me planteo es un hito más en vida.

Por otro lado, quisiera dar las gracias a mis padres, Jesús y Manuela, que día a día y treinta y tres años después siguen estando cada vez que lo necesito, me dan su cariño, su apoyo y su tiempo para ayudarme en todo lo que pueden, y son el ejemplo que sigo para convertirme en un buen padre. También le doy las gracias como siempre a mi hermano, el periodista, escritor y corrector, Jesús de Matías, que me ha ayudado en la redacción de este libro con sus consejos y buenas prácticas, y que a buen seguro le aguarda un grandísimo futuro como escritor. Gracias también a mi suegra Olga, por sus ánimos y buenos deseos que siempre me empujan a seguir viviendo y haciendo lo que más me gusta, vivir por y para mi familia.

En lado profesional, me gustaría dar las gracias a mis directores académicos, Arturo Cuenllas, Director del Master en Dirección de Empresas Hoteleras y Empresas de Restauración de EAE Business School – Ostelea, y a Diana Seguís, Directora de Área Empresa de la Universidad Internacional de Valencia, por confiar en mí para trasladar mis conocimientos, experiencias y actitudes sobre marketing a los futuros profesionales.

Sobre el autor

David de Matías es Doctor en Economía y Dirección de Empresas por la Universidad de Alcalá (*Cum Laude*), Experto en Innovación por la Harvard Business School y Master en Negocios Internacionales por la FAU Erlangen Nürnberg. Experto en Marketing por la Universidad de Alcalá y en Marketing Digital por la Universidad Europea Miguel de Cervantes. Actualmente se ha especializado en Emprendimiento por la Universidad de Wharton.

Ha desarrollado toda su carrera profesional en departamentos de marketing de grandes empresas multinacionales como Philips, Siemens y Adidas. Tras 10 años trabajando para empresas, actualmente es emprendedor y como autónomo desarrolla su carrera profesional en el ámbito docente, formación y consultor. Es el actual Director del Master Universitario en Dirección de Marketing y Gestión Comercial de la Universidad Internacional de Valencia, además de dar clases de marketing en el MBA de VIU y en EAE Business School - Ostelea, escuela de negocios especializada en Turismo.

Entre sus logros, cabe destacar que ha sido galardonado con el premio a la Mejor Estrategia de Comunicación otorgado por la prestigiosa revista empresarial CyL Económica (2017), Mejor Directivo de Marketing de CyL (2018) y finalista en los III Premios Competitividad Digital de CyL Económica en la categoría de Mejor Empresa en Redes Sociales (2017) a nivel nacional.

Índice

Qué es el marketing turístico 11

El entorno digital 19

Growth hacking 25

Experiencia del cliente 35

Branding 45

Customer journey 55

Lead generation 65

Marketing content 79

Posicionamiento SEO 89

Posicionamiento SEM y publicidad en **RRSS** 101

E-commerce 115

RRSS 125

9

Qué es el marketing turístico

Hoy en día nos encontramos en la era de la información y de la transformación digital, de eso no hay duda. El mundo gira en torno a la digitalización y estamos evolucionando a pasos agigantados en este respecto. Las nuevas tecnologías de la comunicación y la información son responsables de esta transformación, ocasionando cambios latentes en todos y cada uno de los sectores de nuestra sociedad, incluido el turismo. El turismo, sin duda, es un claro ejemplo. Viajar es una tendencia ahora mismo, y las previsiones es que tal tendencia siga consolidándose en los próximos años. Además, no es solo que viajemos más, sino que lo hacemos de una manera muy diferente a como lo hacíamos años atrás. En aquel entonces era un lujo solo para unos pocos afortunados que sus bolsillos podían permitírselo. En la actualidad estamos inmersos en una plena democratización del turismo, y existen ofertas para prácticamente todos los bolsillos. No obstante, no podemos olvidar que los turistas también han cambiado sus hábitos de consumo. Actualmente los turistas buscan experiencias y sensaciones. De igual manera, también ha cambiado la manera en que los profesionales promocionamos nuestros productos y servicios turísticos, y en el modo en que se comercializan. Y es aquí es donde el marketing turístico entra en juego, donde las nuevas tecnologías han creado el turista 2.0.

Nuestra interacción con el mundo se está volviendo cada vez más interactiva con la de otros usuarios de Internet. Se puede afirmar con casi toda seguridad que Internet es el pilar de nuestra sociedad, y el sector turístico es un claro reflejo de ello. Los turistas utilizan Internet como la herramienta principal antes, durante y después del viaje. Soñar, planificar y reservar pertenece al «antes» del viaje, experimentar al «durante» y compartir pertenece principalmente al «después».

DREAMING

SHARING

PLANNING

EXPERIENCING

BOOKING

* Etapas que atraviesa un viajero durante el proceso de compra

Fuente: Amara Marketing

Antes

Las últimas cifras indican que dos de cada tres clientes compran exclusivamente viajes en Internet. Existe una creencia generalizada de que a través de Internet, la compra que se obtiene es la mejor en lo que respecta a precios para el transporte y el alojamiento. Pero el uso de Internet para la planificación del viaje no queda aquí. El turista también busca información sobre destinos, gastronomía, visitas turísticas, visitas obligadas, etc. Los *blogs* de especialistas y las redes sociales a menudo son un gran aliado a la hora de preparar un viaje.

Durante

No se debe de olvidar que la cantidad de conexiones a Internet a través de dispositivos móviles aumenta cada día. La previsión indica que este año más del 75 % de las personas que se conectarán a Internet lo harán a través de un teléfono inteligente. Esto significa que el turista consumirá y generará información durante su viaje, en cualquier lugar y en cualquier momento.

Mientras una persona disfruta de su viaje, consume contenido de sitios *web* con información de destino como horarios del museo, precios de visitas, mercados, geolocalización, transporte, etc. Al mismo tiempo va generando contenido. Los usuarios toman fotos, videos y *podcasts* y los cargan en la red para compartirlos en las redes sociales, donde comentan y comparten sus experiencias con el mundo en el acto.

Después

Una vez que finaliza el viaje, el turista 2.0 lleva a cabo las acciones más importantes para usted como profesional del sector turístico. ¿Por qué? Porque es hora de compartir la experiencia, los sentimientos, las impresiones, los estados de ánimo (aunque algunos ya lo han hecho en la etapa anterior), etc. También es hora de valorar y recomendar el destino, los servicios y por supuesto el hotel, en redes sociales, *blogs*, foros, etc. Sin lugar a dudas, es una fase clave porque el turista se convierte en un promotor de su negocio.

El marketing de turismo tiene características muy diferenciadas a las de otros tipos de marketing. Debido a que los turistas son temporales la mayor parte del año, estos están expuestos a los bienes y servicios de un área por períodos más cortos que productos y servicios pertenecientes a otros sectores. Los turistas apuestan por pasar un buen rato durante sus vacaciones o planes de fin de semana, por lo que los profesionales del marketing deben considerar estrategias que les atraigan a partir de sus emociones, siendo la experiencia del cliente la piedra angular de cualquier estrategia de marketing.

A diferencia de los productos tradicionales de consumo, donde se entrega un producto tangible que se puede tocar, degustar o sentir, un producto turístico tiene un contenido físico limitado y muchas veces la única manera de valorar si es bueno o malo se reduce al servicio que se recibe y percibe, y a la experiencia de usuario y de cliente vivida por los turistas. En el sector turístico —y aunque es verdad que el cliente interactúa con instalaciones de hotel, del restaurante, del parque de atracciones, con los medios de transporte, alimentos, etc., que son considerados bienes físicos o tangibles— es mucho más importante el servicio que se recibe por parte de los empleados con los que se tiene trato directo durante la entrega del servicio, y eso se mide con la satisfacción del cliente. Por ello mismo, las empresas del sector turístico deben de poner su foco de atención en la capacitación y habilidad con la que sus empleados interactúan con los clientes, para poder ofrecer la mejor experiencia a los mismos. En base a esta peculiaridad del marketing turístico, a continuación se exponen algunas de sus principales características:

1. **El turismo es un producto intangible**: el turismo está relacionado con el servicio, las instalaciones, el placer, el ocio, etc., que no son posibles de tangibilizar en muchos de los casos.

2. **La propiedad del producto turístico no es transferible**: en el turismo, comprar y vender un producto no significa comprar cosas como otras propiedades. El turista adquiere el servicio, en cuyo proceso de compra-venta del producto turístico no se involucra una transferencia de la propiedad de los bienes en comparación con el producto tangible.

3. **La «producción» y el consumo están estrechamente interrelacionados**: la producción del producto turístico no significa crear un nuevo producto,

sino que solamente se asocia con tal idea. Por ejemplo, los agentes de viajes que venden el producto ni lo producen ni lo poseen. El agente de viajes no puede almacenarlo. La «producción» solo puede tener lugar y se completa si el cliente está realmente presente. Además, la mayoría de los servicios turísticos no se pueden consumir en una diferencia horaria, es decir, una vez comienza su consumo no se puede detener, interrumpir o modificar. El turista no puede inspeccionar, comparar o intentar antes de decidir comprar el producto turístico.

4. **El producto turístico es inmóvil, es decir, no puede ser transportado**: no se mueve al turista, pero el cliente necesita pasar al producto. Como atracción, los hoteles no se mueven. El transporte se mueve, pero lo hace solamente hasta su destino. El turista debe obtenerlo para disfrutarlo.

5. **La demanda de productos turísticos no es estable**: su demanda está influida por diferentes factores, como la temporada, la economía, la política, la religión y otros eventos especiales. El cambio estacional afecta en gran medida a la demanda, ya que, por ejemplo, en invierno las playas tienen una demanda baja, mientras que el turismo de nieve o rural llega a su cénit anual. De ahí que muchas empresas turísticas tengan una temporada corta. El negocio estacional crea desempleo, desarrolla inversión ociosa en el personal, transporte, alquiler de oficinas y aumenta el costo de producción.

6. Las empresas del sector turismo dependen de otras organizaciones: un ejemplo de aprovechamiento de esta dependencia sería un local de música (sala de conciertos, teatro, ópera, etc.) que ofrezca cupones de descuento para las comidas en un restaurante cercano.

7. El marketing de turismo puede ser costoso, especialmente si desea atraer turistas nacionales o internacionales: para estirar los presupuestos y sacar el máximo rendimiento a los mismos, las asociaciones público-privadas a menudo se forman entre los negocios locales y regionales y las cámaras de comercio. Por ejemplo, si hay varias atracciones turísticas en una región específica, o en varias ciudades vecinas, toda el área se puede comercializar como un atractivo lugar de destino de una semana combinando publicidad y otras actividades de marketing (por ejemplo, campañas publicitarias de Galicia mediante La Vuelta a España). Las asociaciones pueden proporcionar a los turistas una experiencia de viaje más completa (como por ejemplo la Asociación Turística Valle del Aragón).

Toda acción de marketing debe comenzar con un plan, y el marketing turístico no es diferente. El plan de marketing es su hoja de ruta y detalla las atracciones en su área. Le obliga a establecer un presupuesto en sus gastos promocionales y publicitarios. Al final de cada temporada de turismo, puede usar su plan de marketing para establecer nuevos objetivos y hacer cambios para el próximo año.

Por ejemplo, si los ingresos en un producto no cumplieron con las expectativas, tal vez necesite desarrollar nuevas características de este producto, una mejor campaña de publicidad o nuevos productos.

El entorno digital
Estrategias exitosas en el sector turístico

Antes de comenzar este libro hice un poco de investigación durante varios años. Noté que todos los artículos, publicaciones o documentación que encontré sobre las tendencias del marketing turístico tenían una cosa en común: todos hablaban de la generación *millennial*, y con razón. No es que uno no se pueda concentrar en los otros grupos de edad, pero el *millennial* es el que tiene disponible una mayor cantidad de dinero para el consumo y está dispuesto a derrochar cada vez que surge la necesidad. Aprovechar esto sería increíble (no me malinterpreten, solo estoy hablando desde la perspectiva del marketing de viajes y turismo). Empresas de viajes y de hospitalidad: hagan lo que están haciendo, tengan en cuenta a los *millennials*. Ellos son los que hacen dinero. Ellos son los que necesita para mantenerse feliz.

Continuando con nuestro contenido específico de la industria, aquí hay cuatro factores que creo que pueden implementarse fácilmente en el proceso de comercialización del turismo y pueden impulsar la presencia en línea para los negocios de viajes y hospitalidad.

1. **Todo es móvil, adapte su sitio *web* con una versión para dispositivos móviles:** lo primero que me viene a la mente es obtener un sitio *web* amigable con

los dispositivos móviles. Puede que no lo sepa, pero si está generando tráfico a través de dispositivos móviles y su sitio *web* no responde, es probable que esté perdiendo muchos clientes potenciales. ¿Por qué? Porque la interfaz no es fácil de usar y eso afecta la experiencia del usuario.

De acuerdo con el informe de *Think with Google*, a partir de marzo de 2015 las consultas de viajes, hoteles y hostelería buscadas en dispositivos móviles han aumentado y continúan haciéndolo rápidamente, con crecimientos exponenciales y sin fin. Además, dicho informe sugiere que los viajeros de ocio son más propensos a hacer reservas de viajes desde sus dispositivos móviles, mientras que los viajeros de negocios son más propensos a reservar a través de la aplicación móvil. Obtener una aplicación móvil también marca la diferencia, ya que mucha gente confía en sus teléfonos para realizar sus tareas diarias. El informe de *Go-Globe* sobre el uso de aplicaciones móviles indica que las aplicaciones móviles ahora representan más de la mitad (52 %) de todo el tiempo dedicado a los medios digitales en línea.

Con tantas aplicaciones de viajes y hoteles disponibles, ahora los aficionados a los viajes y aventuras prefieren ir directamente a su aplicación de viajes favorita en lugar de buscar en Google para ver cuáles son sus opciones. Esto se debe principalmente a que están más familiarizados con la interfaz y esperan obtener descuentos exclusivos.

2. **Estrategias de redes sociales**: las empresas del sector turístico y hostelero pueden aprovechar las innumerables ventajas de estas plataformas. De hecho, las cadenas hoteleras de viajes, hostelería, comercio electrónico y alimentos son las que más se benefician, ya que no solo generan tráfico a través de canales de pagos, sino también a través de medios orgánicos (más que la mayoría de las demás empresas). Habiendo dicho eso, estoy seguro de que la mayoría de ustedes ya han abierto y gestionado una cuenta de Facebook, Instagram, Twitter y Youtube.

Las empresas de su sector pueden aprovechar esto, a diferencia de la mayoría de B2B y algunos B2C. Usted puede:

- Organizar concursos fotográficos y otorgar premios/obsequios;

- Pedir a sus visitantes que compartan fotos extravagantes y geniales de ellos mismos en diferentes destinos, y quien gane obtendrá una oferta especial;

- Hacer que adivinen la ubicación de una fotografía dentro de un período de tiempo limitado;

- Compartir fotos pintorescas de destinos vacacionales para captar la atención del espectador.

Marcas como Expedia, Travelocity y Airbnb han utilizado este medio de manera óptima para generar tráfico y generar clientes potenciales, utilizando plataformas como Facebook, Twitter e Instagram.

3. **El contenido es el rey**: he elegido deliberadamente esas palabras sabiendo que pueden haber sido utilizadas muchas veces en el pasado. Pero sin eso, generar tráfico orgánico no sería muy fácil, considerando que hay innumerables sitios *web* de viajes, hoteles, de hostelería, etc., para poder elegir. Necesita algo que le diferencie del resto. Además, es muy probable que su competidor también tenga una aplicación móvil, un sitio *web* adaptable a los dispositivos móviles, anuncios en las redes sociales, que interactúe con clientes potenciales a través de concursos, cuestionarios, ofertas de marketing, etc. Pero el contenido de valor es original, individual y separa el trigo de la paja. Las publicaciones atractivas de alta calidad pueden aumentar seriamente el tráfico a su *blog* y a continuación a su sitio *web*. Tal vez en lugar de escribir sobre las siete cosas que debe hacer/ver en... ¿por qué no hablar de las siete cosas que no debería? Lo admito, no soy su jefe, así que tal vez estoy hablando un poco fuera de lugar, pero de todas las cosas que he visto en línea, se trata de lo que **debes** hacer, no de lo que **no debes** hacer. Tal vez podría pensar eso. Se trata de algo relevante tanto para los viajes como para la hospitalidad, ya que ambos involucran una ubicación específica, y eso es lo que necesita aprovechar.

4. **Portales de revisión en línea**: nos guste o no, hoy en día más y más personas dependen en gran medida de lo que sus conocidos viajeros entusiastas tienen que decir sobre el lugar, el hotel, la comida, etc. Esto es especialmente importante para aquellos en el negocio de

la hospitalidad y hostelería. Mire detenidamente cada portal de terceros para viajes y hospitalidad, todos tienen secciones de revisión.

Obtenga una lista en sitios como TripAdvisor, MakeMyTrip, Agoda, ClearTrip, HolidayIQ, Justdial, IndiaCom, TravelGuru, Yatra, FourSquare, y asegúrese de tener al menos un par de comentarios en la mayoría de estos portales, si no en todos. Otra cosa a tener en cuenta es asegurarse de que la información, los detalles de su contacto y sus imágenes en todos los portales sean uniformes. Pasando a las revisiones, según un informe de la Escuela de Administración Hotelera de la Universidad de Cornell:

- Si un hotel tiene comentarios negativos, la probabilidad de que los visitantes reserven ese hotel es de aproximadamente dos de cinco;
- Cuando ven una revisión positiva, la probabilidad de que realicen una reserva es de tres y medio a cuatro, de cinco.

Haga que sus clientes felices lo revisen en los portales de viajes y hospitalidad. Incluso si no puede lograr que escriban comentarios, al menos tenga algún tipo de mecanismo para que lo califiquen, les guste o no, y lo compartan en su sitio web. Puede hacerlo así:

- Enviando un breve correo electrónico, donde pueden ser redirigidos a una breve encuesta sobre su viaje, al hacer clic en la CTA, o bien
- Enviando un SMS preguntando cómo fue, con dos opciones que dicen S para sí y N para no.

Growth Hacking

Si usted es emprendedor, debería de haber escuchado ya acerca de la adquisición de clientes y el gran impacto de las estrategias de *growth hacking* en el marketing. Desafortunadamente, muchos especialistas en marketing tienen ideas erróneas sobre este concepto. El *growth hacking* trata de transformar las empresas utilizando experimentos de marketing listos para usar. Un *growth hacker* combina estrategias de marketing no convencionales que pueden convertirse en la adquisición de más clientes, en aumentos de los ingresos y en una mejor posición competitiva. El secreto que se encuentra detrás de un *growth hacking* efectivo es seguir un marco comprobado e implementar la estrategia correcta en el momento adecuado. A continuación se enumera un conjunto de técnicas fáciles de implementar, que puede incluir en su estrategia de marketing: atraer, participar, adquirir y mantener.

1. **Atraer clientes potenciales:** aquí hay cuatro estrategias que funcionan estupendamente y le brindarán más clientes.

   a. **Creación de contenido y blogs:** es esencial saber para quién se está creando el contenido. No tiene que pasar horas elaborando un artículo solo para descubrir que nadie mostró interés en leerlo. Una excelente manera de averiguar más acerca de su audiencia y elaborar el artículo correcto es usando un mapa de empatía. Le ayudará a descubrir los sentimientos, pensamientos, dolores y actitudes de su audiencia. ¿En qué piensa? ¿Qué es lo que realmente le preocupa? ¿Qué le influencia? ¿De qué habla su audiencia con sus amigos? Una vez que haya definido su audiencia, borre el contenido de su vista y resalte los puntos que quiere que le quiten al leer su *blog*. Recuerde que su *blog* debe ofrecer una solución única a uno de sus problemas o ayudarlos a ver la imagen más amplia de lo que pueden ganar con el tiempo.

b. **Publicación de invitados:** puede disfrutar de las ventajas de los *blogs* invitados, que harán que obtenga visitantes adicionales de cada artículo que publique para mejorar el conocimiento de la marca. Su principal objetivo debería ser agregar valor al crear cualquier contenido. Esto requiere horas de investigación, redacción y revisión. Por lo tanto, un *blogger* invitado típico que escribe treinta artículos por semana no ofrece ningún valor.

c. **Usar visuales e infografías:** es inevitable que las infografías diseñadas con técnicas de visualización sean más atractivas que los artículos. Si una imagen vale más que mil palabras, ¿por qué no aprovecha las imágenes para adquirir más clientes? Este un enfoque de tres pasos para crear una infografía viral:

» **Elija un tema que le interese a sus lectores.** No asuma que su idea es genial. En su lugar, use técnicas de investigación de mercado y obtenga ayuda de las herramientas adecuadas para monitorear las tendencias y elegir un tema atractivo.

» **Construya su narrativa en base a hechos y datos.** Encuentre tantos datos como pueda de las fuentes más confiables. No complique demasiado su historia y elija un máximo de diez a doce puntos clave. Construya una narrativa y redacte una historia convincente sobre esos puntos.

» **Comparta la infografía.** Una vez que haya terminado con su diseño, es hora de compartirla con el mundo. No solo publique en su sitio. Póngalo frente a las personas en las redes sociales, sitios de infografía, correo electrónico, etc.

d. **Aproveche las técnicas de marketing del foro:** una de las estrategias de marketing más socavadas que resulta en la atracción de clientes potenciales es la comercialización del foro. Afortunadamente, hay muchos foros disponibles para cada nicho. Simplemente únase a uno con autoridad en Internet y comience a construir su reputación. Debo advertirle que las personas que acuden a los foros están buscando respuestas, no auto-promotores. En otras palabras, están buscando soluciones que puedan abordar su dolor. Al principio, dedique suficiente tiempo en los foros y trate de responder tantas preguntas como sea posible. Una vez que construya una buena reputación, puede incluir su solución y propuesta de valor en sus comentarios, respuestas y otras actividades del foro.

2. **Involucre a sus visitantes y conviértalos en clientes potenciales**: debe darse cuenta de que los visitantes de su sitio *web* no están necesariamente listos para comprar por primera vez. Por lo tanto, es esencial enfocarse en el compromiso. Entre todas las estrategias de *growth hacking* marketing, el enfoque correcto de marketing por correo electrónico (*mail* marketing) puede ser mágico. El correo electrónico sigue siendo una de las formas más efectivas de llegar a sus audiencias, porque las personas rara vez cambian sus correos electrónicos a lo largo del tiempo. Esta es una oportunidad para calentar a su audiencia atraída y convertirlos en compradores potenciales. Primero, construya una base de datos con listas de correo electrónico. El uso de herramientas como ventanas emergentes de intento de salida y barras de suscripción puede aumentar la cantidad de suscriptores. No intente vender ni promocionar su producto en esos cuadros y ventanas emergentes. En su lugar, ofrézcales consejos exclusivos, códigos de promoción y algo que atraiga a sus visitantes y los impulse a intercambiar sus correos electrónicos. Mientras construye su lista, elabore un plan de participación de correo electrónico consistente y cúmplalo. El secreto es no molestar a sus suscriptores con demasiados correos electrónicos mientras se aseguran de que reciban suficientes para recordarlo.

3. **Adquirir clientes y mantenerlos**: la prueba A/B es una de las técnicas de *growth hacking* más sorprendentes e importantes en esta etapa. Se trata de llevar a cabo un conjunto de experimentos para optimizar la conversión de sus páginas de inicio en función de las respuestas del usuario. También se conoce como prueba dividida. Obviamente, no puede complacer a todos los visitantes, pero puede lograr mejores resultados ofreciendo algo que atraiga a la mayoría de los compradores. Siga estos cuatro pasos de las pruebas A/B si no está seguro de qué página de destino puede convertir a su visitante en comprador.

» **Recolectar datos:** identifique sus páginas de baja conversión o las páginas de destino que tienen la mayor relación de abandono. Incluso puede profundizar y utilizar herramientas analíticas como Hotjar y Crazy Egg Heat Map para descubrir en qué segmento de su página sus visitantes mostraron interés y más *clics*.

» **Definir objetivos e hipótesis:** aunque su objetivo puede variar desde aumentar la proporción de aceptación, hacer *clic* en un botón específico o aumentar los ingresos, debe definir objetivos y métricas de conversión para determinar si su prueba de división es exitosa o no.

» **Crear las variaciones y ejecutar el experimento:** construya versiones A y B basadas en su hipótesis. La diferencia entre las versiones puede variar desde tener una página de inicio con un color diferente o mover la posición de un botón. Una vez que ejecuta el experimento, su sitio debe mostrar aleatoriamente diferentes páginas para diferentes visitantes.

- **Adoptar basado en resultados:** analice el resultado de la prueba tan pronto como haya completado su experimento. En caso de que encuentre diferencias estadísticas significativas entre la tasa de conversión de sus páginas, puede tomar la decisión de usar la que tenga un mejor rendimiento.

Pero en realidad, el buen *growth hacker* no tiene por qué pertenecer estrictamente al área de marketing. Por sus necesarias habilidades analíticas, creativas y de escucha social, es un perfil que puede navegar por varias esferas profesionales, desde el marketing al *product manager*, pasando por el analista puro. Es una posición que muchas empresas en Estados Unidos buscan cubrir, y que lleva unos años arrancando con fuerza en todos los sectores. El *growth hacker* es una persona curiosa que sabe recopilar datos y analizarlos para sacar conclusiones e implementar acciones. Con ello conseguirá implementar estrategias creativas para posicionar su producto o servicio por delante del de su competencia. El *growth hacker* sabe encontrar los huecos ocultos y aprovechar las tendencias de los mercados. Analiza y mide la respuesta social a través de las redes para explotar el rendimiento comunicativo de la marca. Es la forma del *growth hacker* para hacer que el producto se convierta en una necesidad para su público objetivo.

A simple vista, parece que encontrar un buen *growth hacker* es como buscar un genio capaz de solucionarlo todo. Todos sabemos que, como en cualquier profesión, habrá mejores y peores *growth hackers* y mejores y peores estrategas de *growth hacking*. Lo que sí parece ser un denominador común entre la comunidad *growth hacker* es la búsqueda de la acción perfecta. Y para ello no se pueden apoyar en todo un equipo creativo, un equipo de marketing o analistas de datos de su empresa. También dependen de la optimización del tiempo y de los recursos que les ofrecen las decenas de herramientas gratuitas y de pago que hay en el mercado. Ahora que conocemos las características de los *growth hackers* y su enfoque, ¿qué hacen específicamente? ¿Cuáles son algunas acciones comunes utilizadas?

En esencia, las acciones son amplias y las nuevas definiciones están en constante evolución. Recuerde: encontrar nuevas formas de hacer crecer un producto es la base del *growth hacking*. Los *growth hackers* son capaces de aprovechar el pensamiento «listo» para llegar a la cima. Hay muchas formas en las que operan los *growth hacker* con perfiles informáticos. Aquí hay algunos de los más comunes:

- **Adquisición viral**: esto incluye funciones incorporadas del producto que hacen que un producto sea naturalmente «viral». Esto significa que hay algo en el producto que hace que muchos usuarios quieran compartirlo, generando así nuevos usuarios. La adquisición viral puede igualar el crecimiento masivo cuando se hace bien.

- **Marketing de contenidos**: el marketing de contenidos se usa para impulsar el crecimiento en un par de niveles diferentes. Puede aumentar el tráfico del sitio (obtener más visitantes) y convertir a los visitantes en usuarios (activar visitantes). Esto se hace a través del contenido que aumenta el conocimiento de la marca (publicaciones de *blog*, infografías, vídeos, presentaciones en diapositivas, libros electrónicos, etc.) y fomenta el intercambio social. Además, agregar actualizaciones de contenido puede aumentar los registros de correo electrónico en un 62 %, por lo que es una buena forma de crear rápidamente una base de usuarios.

- **Marketing por correo electrónico**: esta táctica no se usa generalmente para aumentar el tráfico o convertir a los visitantes en usuarios, ya que los destinatarios ya han expresado interés en un producto. El marketing por correo electrónico ayuda a los *growth hackers* a atraer a los usuarios existentes y posiblemente derivar a nuevos usuarios, incrementando las ventas finales.

- **Optimización de motor de búsqueda (SEO)**: el SEO ayuda a dirigir el tráfico a un sitio. El comportamiento de búsqueda es extremadamente revelador. Al comprender y optimizar la búsqueda de un sitio *web*, las empresas pueden exponer su oferta frente a las personas que estarán interesadas en la misma.

- **Pruebas y análisis A/B**: la gran cantidad de herramientas analíticas disponibles permite a los *growth hackers* generar datos y realizar pruebas A/B para ayudar a determinar qué funciona y qué no. Los *growth hackers* no se contentan con saber que algo no impulsó el crecimiento, por lo que usan los datos para comprender por qué. Google Analytics es un ejemplo de herramienta que proporciona información importante para analizar causas y consecuencias de las acciones llevadas a cabo:

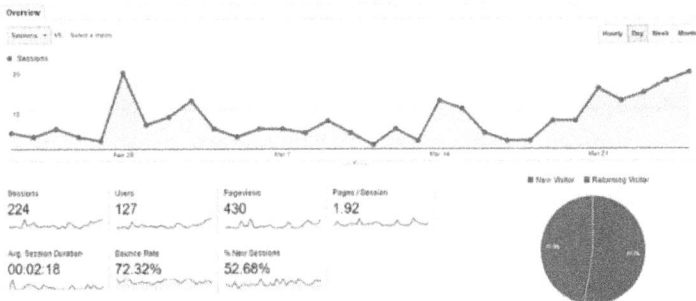

Experiencia del cliente

Al considerar el servicio al cliente y la experiencia del cliente, uno debe preguntarse si las necesidades y expectativas de cada cliente han sido satisfechas por la compañía que presta el servicio. También se debe tener en cuenta que la percepción de si se han cumplido las necesidades y expectativas de cada cliente también es de vital importancia. Los dos elementos, la entrega real y percibida del servicio, constituyen la esencia de la satisfacción del cliente. Excelentes gerentes de servicio al cliente en la industria de viajes y turismo saben que se necesita una planificación estratégica muy cuidadosa para ofrecer un servicio al que los clientes vuelvan. Estos clientes habituales también cumplen una doble función como embajadores de la marca, e incluso pueden utilizarse directamente en la producción de marketing de una empresa. El mercado del turismo lleva años creciendo, y actualmente nos encontramos en un punto de inflexión en cuanto a los destinos preferidos, viendo un cambio de tendencia. Por otro lado, la demanda de todo tipo de actividades de ocio está creciendo, de acuerdo con los últimos informes económicos de 2017 y 2018. De hecho, los estudios muestran que la industria se ve mucho mejor que en años anteriores. Si bien estas proyecciones deberían dar motivo a las compañías de viajes y hospitalidad para alegrarse, también se debe tener en cuenta que la competencia de la industria es feroz, y las empresas del sector están impulsadas por la demanda del consumidor. Mientras que los consumidores en la industria de viajes y hospitalidad no tienen valores, expectativas o preferencias fijas o universales, hay una característica común: los consumidores esperan una experiencia personalizada que se adapte a sus necesidades, según estudios de la consultora Deloitte. Esto presenta un dilema para las empresas digitales.

El turismo sigue siendo una de las industrias más competitivas del planeta, está increíblemente concurrida y está repleta de empresas innovadoras. Para colmo, los consumidores son cada día más exigentes, aunque no necesaria y particularmente leales. Con todos estos desafíos, sin embargo, sigue siendo una prioridad para captar la atención del consumidor, aumentar los ingresos y fomentar un cierto nivel de lealtad a la marca. Para ayudarle a abordar este dilema, en este apartado se están describiendo ideas prácticas sobre cómo puede crear contenido atractivo que lo lleve a ganar experiencias con sus clientes. Si bien el valor de la personalización es claro, la tarea puede parecer elevada. Esto es especialmente cierto en el sector turismo, donde la audiencia puede variar desde consumidores de la tercera edad, entusiasmados con el próximo *show* de Julio Iglesias, hasta los *springbreakers* de dieciocho años que buscan el hotel más barato en Cancún donde poder meter a tantos amigos en una habitación como sea posible. Y en el medio, todos los demás. Con pequeños equipos de marketing e incluso departamentos de TI más pequeños, el contenido personalizado puede parecer una tarea imposible. Afortunadamente, con las herramientas adecuadas, la personalización es accesible para todos los especialistas en marketing. Estas son algunas ideas para ayudarle a personalizar su mensaje de correo con el fin de ir más allá de simplemente incluir el nombre de su cliente en un correo electrónico. Los turistas de hoy en día esperan y exigen experiencias personalizadas de las marcas. La pregunta es: ¿cómo cumplir con esa expectativa?

Puede usar herramientas que le permitan recopilar y agregar datos sobre los clientes y sus preferencias, incluyendo aspectos como género, localización, comportamiento del sitio *web*, compromiso con su marca, etc., para luego usar esa información con el fin de enviar seguimiento personal relevante, ofertas, consejos y oportunidades para los clientes.

Por ejemplo, si tiene un cliente que ha reservado un crucero, puede usar esa información para enviar oportunidades de ventas oportunas para excursiones, cupones para restaurantes y hoteles cercanos a sus puertos de escala y ofertas de membresía VIP para múltiples reservas. Además, si los datos muestran que adoran los cruceros y que han reservado varios, use esa información para enviar notificaciones sobre los próximos cruceros que los datos indican que disfrutarían.

Cuando un cliente sale de su hotel, inmediatamente puede enviarle un correo electrónico dándoles las gracias por su estancia, ofreciéndoles una oferta de un porcentaje de descuento en su próxima estancia o invitándolos a reservar en una de sus otras propiedades en función de las actividades que realizan. Además, puede usar información sobre interacciones y compras pasadas y redirigir a su audiencia en diferentes plataformas publicitarias. Las estadísticas muestran que el *re*marketing funciona bien para la industria del turismo. Cuando mantiene su marca frente a los clientes en diferentes plataformas de marketing, puede resultar efectiva en futuras reservas con su empresa. Otra forma de crear experiencias altamente personalizadas es crear contenido y experiencias convincentes y relevantes que permanezcan con el cliente a lo largo de todo su recorrido. El 86 % de los ejecutivos de marketing estamos de acuerdo en que crear un viaje coherente del cliente (*customer journey*) es un enfoque de marketing importante para las ventas de desembolso. Por ejemplo, si los datos muestran que un turista está buscando una casa de playa envíele un vídeo visualmente atractivo de su propiedad costera, seguido de un descuento por esa reserva, seguido de recomendaciones sobre cosas cercanas que hacer, lugares para comer, y así sucesivamente. ¿Sabe si tienen hijos? Las recomendaciones para actividades recomendadas para los niños o restaurantes no tienen precio para los padres, o si usted sabe que son solteros, recomiende los lugares más modernos y modernos que no querrán perderse. Cuanto más atienda sus preferencias, más probabilidades hay de que le compren a usted.

Por ejemplo, Marriott adopta un enfoque muy innovador para crear experiencias increíblemente personalizadas. La cadena creó recientemente *pods* de realidad virtual. Con los auriculares o teléfonos inteligentes Oculus Rift, los clientes pueden acceder virtualmente a otras propiedades de Marriott, experimentar las vistas y hacer una reserva en el acto. Puede que aún no tenga los fondos o la tecnología para una experiencia de realidad virtual, pero puede usar los datos que posee o hacer un esfuerzo concertado para recopilar datos sobre sus clientes y luego utilizarlos para elaborar mensajes especialmente relevantes y personalizados que resuenan mejor.

Brindar una excelente experiencia al cliente debe ser la principal prioridad de su empresa. Como empresa perteneciente al sector turismo, debe brindar continuamente experiencias de viaje excepcionales a sus clientes para: a) convertirlos en embajadores de su marca y b) mantenerlos regresando a por más.

Sin embargo, estoy de acuerdo con la consultora McKinsey en que se necesitan paciencia y agallas para entrenar a una organización con el fin de que vea el mundo a través de los ojos del cliente, y rediseñar las funciones para crear valor de una manera centrada en él. Esto es lo que pueden hacer las compañías de viajes y actividades de ocio para volver a colocar a los turistas en el centro de sus negocios. A continuación, como experto en la experiencia del cliente, le doy tres consejos fundamentales para crear una gran experiencia a sus clientes:

Observe y comprenda las interacciones a través de los ojos de su cliente

Para volver a colocar a su cliente en el centro de su negocio, primero debe identificar el su comportamiento. Ya no se trata de mirar los distintos puntos de contacto del cliente individualmente, sino de unir los puntos para tener una visión general del recorrido de este hacia su compra final. Para las empresas, esto significa mirar su página de Facebook, su sitio *web*, su respuesta a los correos electrónicos de consulta, el correo electrónico automático que los clientes reciben después de realizar un pago y el recorrido o actividad en sí, como una gran imagen, asegurándose de que todos estos elementos trabajan juntos creando sinergias que construyan una experiencia excepcional. Convierta esta idea en rendimientos económicos para su empresa al identificar lo que más le importa a sus clientes. Para hacerlo, responda estas dos preguntas:

- ¿Cuál es mi propuesta de valor? ¿Cómo agrega mi negocio el mayor valor a mis clientes? ¿Los clientes valoran mi servicio de calidad? ¿O valoran los precios de mi presupuesto? ¿Dónde creo el mayor valor para mis clientes?

- ¿Qué acciones valiosas quiero que tomen mis clientes? ¿Cómo esta acción conduce a grandes ganancias financieras para mi negocio? ¿Podría ser reservando su recorrido o quizás reservando servicios auxiliares en los que realiza una comisión?

Los pocos factores que satisfacen estos criterios son en lo que debe centrarse. Con estos factores en mente, defina qué tipo de experiencia del cliente desea lograr y por qué. Una experiencia única del cliente depende de un sentido colectivo de convicción y propósito para satisfacer las verdaderas necesidades del cliente. Establezca un propósito común con algunos principios rectores que reflejen los valores de su marca para volver a enfocar a sus clientes.

Forma: Rediseñe su negocio comenzando con su cliente

Para mejorar su empresa, primero concéntrese en mejorar la experiencia de la valiosa acción que desea que tomen sus clientes. Esto podría ser por ejemplo el hacer una reserva para una próxima salida vacacional a través de su sitio *web* y mejorar la experiencia al reducir el número de pasos necesarios para realizar esa reserva. Después, realice una ingeniería inversa de los pasos previos a esta valiosa acción para eliminar otros puntos de dolor a lo largo del camino. Piense en las herramientas y la tecnología disponibles para ayudarle a mejorar el recorrido de su cliente por su sitio *web*. ¿Qué sistemas y procesos puede mejorar con las innovaciones actuales (tal vez un *software* de operador turístico)? ¿Qué partes del viaje del cliente mejoraría?

Este proceso de reflexión y mejora continua nunca se termina, por lo que debe de orientar a sus empleados para que busquen continuamente formas de ofrecer mejores experiencias a los clientes que puedan ayudar a diferenciar su empresa de la competencia.

Alinee su organización para entregar resultados tangibles

Además de convencer a su equipo de que deben centrarse en los clientes, también debe empoderarlos para ofrecer experiencias de viaje que se destaquen. Fomente la colaboración cruzada entre diferentes equipos para estimular la creatividad. Deles la autoridad para tomar decisiones sobre el terreno cuando sea necesario, recompénselos cuando las cosas vayan bien y no los penalice cuando algo salga mal. En su lugar, trabaje para mejorar el sistema y establecer procesos que continúen adoptando el propósito común de brindar excelentes experiencias al cliente. Una forma de medir su rendimiento es usar indicadores definitivos para capturar los comentarios de sus clientes. Esto podría hacerse a través de una encuesta posterior al viaje o mediante revisiones en TripAdvisor.

Construya un vínculo explícito a la creación de valor definiendo los resultados que realmente importan, analizando el desempeño histórico de clientes satisfechos e insatisfechos, y centrándose en los problemas de satisfacción del cliente con los pagos más altos. Esto requiere disciplina y paciencia, pero el resultado será ganancias tempranas que generará confianza dentro de la organización y el impulso para innovar aún más.

Branding

La marca es la identidad de una empresa, un conjunto de elementos característicos que le confieren un valor único e intransferible, la diferencia con el resto de marcas de la competencia y con la que se consigue crear una emoción y una conexión con los clientes. No es algo tan simple como el logotipo o los colores que utiliza, sino la promesa de valor de una empresa a sus stakeholders o grupo de interés: el motivo por el que se creó, a qué problema o necesidad quiere dar respuesta, los valores que posee, su estrategia, el mensaje que quiere transmitir a sus clientes, cómo interactúa con estos y con el medio que les rodea, etc. El branding es sencillamente la construcción y la gestión de una marca.

La Asociación Española de Empresas de *Branding* ofrece: «*la gestión inteligente, estratégica y creativa de todos aquellos elementos diferenciadores de la identidad de una marca (tangibles o intangibles) y que contribuyen a la construcción de una promesa y de una experiencia de marca distintiva, relevante, completa y sostenible en el tiempo*».

La marca es un elemento básico para que las personas **reconozcan a las empresas,** marcas y personas, y se sientan identificados con las mismas tanto en el canal *offline* como *online;* por eso se subraya tanto la importancia del *branding* hoy en día. Una estrategia de marca efectiva le proporciona a su empresa una ventaja competitiva muy importante en mercados cada vez más competitivos. Pero, ¿qué significa exactamente «marca»? En pocas palabras, su marca es su promesa a su cliente. Les comunica lo que pueden esperar de sus productos y servicios, y diferencia a su oferta de la de sus competidores. Su marca se deriva de quién es la empresa, su fundador y sus trabajadores, quién quiere ser y cómo las personas perciben qué es. ¿Es el rebelde innovador en su industria? ¿O el experimentado y confiable? ¿Su producto es la opción de alto precio y alta calidad, o la opción de alto valor y bajo costo? No puede ser ambos, y no puede ser todo para todas las personas. Quien sea usted y su empresa debe basarse hasta cierto punto en quiénes desea y necesita que sean sus clientes objetivo. La base de su marca es su logotipo, es su sitio *web*, su *packaging*, su lenguaje y materiales promocionales, todos los cuales deben integrar su logotipo, y que comuniquen su marca.

Su estrategia de marca es cómo, qué, dónde, cuándo y a quién se plantea comunicar y entregar sus mensajes de marca. Los soportes sobre los que se anuncia es parte de su estrategia de marca. Sus canales de distribución también son parte de su estrategia de marca, así como lo que usted comunica visual y verbalmente. Una marca consistente y estratégica lleva consigo un fuerte valor de marca, lo que significa el valor agregado aportado a los productos o servicios de su empresa que le permite cobrar más por su marca que lo que ofrece productos idénticos sin marca. Definir su marca es como un viaje de autodescubrimiento comercial. Puede ser difícil, lento e incómodo. Requiere, como mínimo, que responda las siguientes preguntas:

- ¿Cuál es la misión de su empresa?
- ¿Cuáles son los beneficios y características de sus productos o servicios?
- ¿Qué piensan los clientes y prospectos de su compañía?
- ¿Qué cualidades desea que asocien con su empresa?

Todas las empresas que han ejecutado una estrategia de *branding* de forma exitosa tienen una cosa en común: un programa de desarrollo de marca e identidad corporativa. Para conseguir este éxito se debe de dedicar mucho tiempo y recursos, ya que la marca permanece para siempre, mientras que los productos, servicios, recursos, etc., entran y salen de la empresa. A continuación se exponen diez pasos que debe seguir, al igual que las empresas exitosas, para lograr construir una excelente marca:

1. Considere su estrategia de negocio general.
2. Identifique a sus *buyers* persona.
3. Investigue su grupo de clientes objetivo.
4. Desarrolle su posicionamiento de marca.
5. Desarrolle su estrategia de mensajes.
6. Desarrolle su nombre, logo y lema.

7. Desarrolle su estrategia de marketing de contenidos.
8. Desarrolle su sitio *web*.
9. Desarrolle su *kit* de herramientas de marketing.
10. Implemente, rastree y ajuste.

Además de todas las acciones que la empresa puede hacer a nivel *offline* para potenciar su imagen de marca e identidad corporativa, la parte *online* hoy en día es un pilar fundamental, ya que tiene un alcance global tanto para lo bueno como para lo malo. Para crear y gestionar una marca de manera eficiente en Internet, debe de tener en cuenta estos dos consejos:

1. Su mensaje *online* debe estar alineado con la identidad de su empresa. Todos aquellos que trabajen en su empresa deben conocerla bien y saber cuál es el mensaje que se quiere transmitir. Si ellos no conocen los propios valores y objetivos, no serán capaces de expresarlo a los clientes y de crear una conexión.

2. Procure que haya uniformidad. La imagen que proyecta en sus perfiles sociales, su *web*, su *blog* o sea cual sea el canal que use, debe ser la misma. Como mencionábamos antes, no se trata solo de usar el mismo nombre, usar el logotipo o mantener los mismos colores (que también es esencial), sino también de usar el mismo tono (formal o desenfadado), ser constante en personalizar las respuestas a los usuarios, etc.

En ocasiones, a pesar de las buenas ideas y de todos los recursos que se dedican (tanto monetarios como no monetarios) a acciones de *branding*, las empresas fallan y no tienen los resultados esperados. ¿Por qué? Muchas pueden ser las causas y motivos por los que una marca no triunfa. Desde la experiencia y el conocimiento adquirido durante años de trabajo e investigación, he podido visualizar diez síntomas que hacen que su estrategia de marca no sea exitosa:

1. No hay una comprensión clara de la audiencia objetivo de la marca.

2. Valores centrales de la marca mal definidos.

3. La marca no promete nada.

4. Identidad inconsistente.

5. La compañía se cansa de la marca, por lo tanto, la cambian con demasiada frecuencia.

6. Los presupuestos de publicidad son los primeros en ser cortados.

7. Las extensiones de marca han reubicado los valores centrales de la marca en una luz negativa.

8. La marca ya no es relevante.

9. La nueva administración quiere dejar su marca.

10. No hay conexión emocional.

Digamos que ha llegado a la difícil conclusión de que, francamente, su marca —si puede llamarla así—, está por todos lados, y existen muchos factores de éxito junto a otros tantos que pueden hacer destruir su marca. O lo que es peor: tiene una marca definida, pero se ha dado cuenta de que no parece coincidir con lo que realmente es usted y lo que realmente hace. Que no le entre el pánico. Antes de obsesionarse con la tonalidad de verde que usará para su logotipo o con qué tono utilizará cuando se comunique con personas en Twitter, debe dar un paso atrás y echar un vistazo al panorama general. Inspírese con ideas para fortalecer su marca para desintermediar y hacer que sus clientes la amen, y conseguir así fidelizarles. A continuación se exponen siete tácticas a realizar para alcanzar el éxito en *branding* en el sector turístico que seguimos los profesionales del marketing, entre ellos la consultora Convershare:

1. **Active el protocolo de defensa de la marca turística**: si pretende reforzar su marca y aumentar su índice de visibilidad frente a la de terceros, apueste en Google por ella, no lo dude. Proteja su marca en el directorio de registro de marcas de Google e implemente el protocolo de defensa de su marca.

2. **Ofrezca una experiencia de usuario única**: ¿dispone de una *web* propia para su negocio turístico? Muy probablemente la respuesta sea «sí», ¡perfecto! Asegúrese de que esta sea atractiva, rápida, intuitiva y usable para el turista. Es imprescindible que la optimice para que sea *responsive* para los dispositivos móviles. La experiencia en marketing turístico ha de ser memorable, tanto a nivel offline como online, independientemente del dispositivo (*smartphone, tablet,* etc.). En el canal digital, ofrecer una buena experiencia de usuario es vi-

tal para reducir la tasa de rebote y lograr la satisfacción del cliente potencial. Para ello el proceso de compra ha de ser rápido, fácil y que transmita seguridad. ¿Así es el suyo?

3. **Use sus redes sociales como canal de atención al cliente**: las redes sociales le permiten contactar en tiempo real con sus clientes, lo cual resulta muy valioso. Así que, ¿por qué no incluirlas dentro de su estrategia de atención al cliente de marketing turístico? Gracias a la monitorización y a una correcta gestión de comentarios podrá ofrecer un trato más personalizado e inmediato. Detectar a tiempo quejas para atenderlas con inmediatez y mostrar preocupación puede dar la vuelta a la tortilla a la mala situación. Puede incluso ayudarle a mejorar la imagen de la marca de su hotel o restaurante y hacerle ganar un cliente fiel.

4. **Construya contenidos de valor para el turista en diferentes formatos**: dentro de una estrategia de marketing turístico, el SEO y los contenidos de valor no pueden faltar para mejorar su posicionamiento en buscadores. Es importante generar un *cluster* de contenidos para que Google identifique qué tipo de negocio turístico es el suyo. Por ejemplo, si se trata de un «hotel con encanto», deberá hacer un completo keyword research con palabras relacionadas y generar contenidos en base a ellas, que le den visibilidad. Más allá de esto y de generar contenidos de autopromoción de sus productos y servicios, útiles para la fase de decisión final del proceso de compra, hay mucho camino. Piénselo, ¿qué le vendría genial saber al turis-

ta en otras fases del *funnel*? Podría escribir en su *blog* sobre eventos que hay en su ciudad, dar recomendaciones para viajar a la montaña si ahí se ubica su establecimiento, etc. Además, abra la mente hacia nuevos formatos como podrían ser:

- *E-books.*
- Vídeos interactivos.
- Gifografías.

También resulta útil para guiar al cliente en el proceso de compra, proporcionarle enlaces que lleven a su sitio *web*. Por lo tanto, una estrategia de **linkbuilding** para el marketing turístico es clave.

5. **Dinamice sus comunidades en redes sociales**: si tiene perfiles activos en las redes sociales, esto le ayudará a triunfar con su estrategia de marketing turístico. Con ello ganará en visibilidad y reforzará la credibilidad de sus valores, algo esencial para fomentar la conexión con sus seguidores. Cuanto más interactúen sus seguidores con su marca, mayor engagement se generará (y eso son buenas noticias). ¿Cómo hacerlo? Los sorteos y los concursos con un gancho que pueden levantar pasiones. Una buena idea para despertar el interés y fidelizar es usar técnicas de «*gamification*». Emplear juegos originales y atractivos le ayudará a despertar el efecto «*wow*». Otra manera de llegar a su comunidad y hacerla crecer es lanzar una campaña con influencers a través de las redes sociales. Tratándose de marketing turístico el abanico es amplísimo, desde celebrities hasta micro-influencers, desde

lifestyle hasta los más foodies, si desea aprovechar para promocionar la gastronomía de tu establecimiento. Todo dependerá del objetivo, del presupuesto y de la imaginación que tenga. Lo importante es que disfruten de su hotel, restaurante u otra empresa y así se lo transmitan a su maravillosa comunidad.

6. **Aproveche su base de datos para el e-mail marketing**: otra baza interesante para el marketing turístico son el *e-mail* marketing y las herramientas de automatización. Es importante partir de *leads* cualificados para generar listas por intereses, enviando siempre información que aporte el máximo valor posible. Habrá turistas interesados exclusivamente en ofertas, otros en contenidos sobre destinos turísticos, algunos interesados específicamente en viajes de negocios, etc. A partir de ahí, genere el contenido del *mailing* y... ¡a por el objetivo! ¿Pretende fidelizar o tal vez conseguir reservas directas? En ambos casos, ofrezca algún valor añadido para que elijan a su empresa. Por ejemplo, una oferta por tiempo limitado, una visita guiada, el desayuno o el parking gratuito, etc.

7. **Cuide la reputación *online* monitorizando por doquier**: en marketing turístico es fundamental la gestión de la reputación *online* en todos los canales que puedan afectar a la venta. Esto es importante porque los clientes utilizan los medios sociales y otras plataformas para investigar —sobre los alojamientos, destinos, etc.— antes de tomar una decisión de compra. Y si las valoraciones con las que se encuentran son negativas, la probabilidad de reserva será prácticamente

nula. Además de los comentarios en sus propios perfiles sociales, monitorice las opiniones en Tripadvisor o Yelp. Y conciénciese de que «una queja es un regalo» para poder mejorar. No obstante, no pierda ninguna oportunidad de conseguir una valoración positiva que mejore tu imagen de marca. Es clave animar en el momento «caliente» a los clientes satisfechos para que comenten sus buenas experiencias. Una recomendación de sus anteriores huéspedes será la mejor forma de generar confianza y propiciar futuras reservas.

Customer journey

El *customer journey* o viaje del consumidor es una herramienta de diseño de servicios que describe el recorrido
de un usuario del servicio al representar los diferentes
puntos de contacto que caracterizan la interacción del
cliente con este servicio. Por ejemplo, qué pasos realiza
el cliente antes, durante y después de una visita guiada.
También muestra los momentos críticos y los puntos de
contacto con la empresa y cómo el cliente (emocional-
mente) experimenta estas interacciones. ¿Cuál es el propósito del mapeo del viaje del cliente? Al mapear el viaje
del consumidor, usted crea una descripción general del
servicio que brinda, y cómo sus clientes experimentan
ese servicio. Al crear este viaje, es posible que encuentre
puntos de contacto críticos de su servicio y los desarrolle
aún más para servir a sus clientes aún mejor. El *customer
journey* lo hace posible:

- Para ver su servicio desde la perspectiva del cliente.
- Para evaluar los momentos más importantes en su ser-
  vicio.
- Para obtener una comprensión profunda de la expe-
  riencia de sus clientes.
- Para representar su servicio como un proceso (antes –
  durante – después).
- Para crear servicios conjuntamente con su cliente.

- Para recopilar comentarios para su organización, su equipo de marketing–ventas o usted mismo como emprendedor.
- Para ayudar a sus alumnos a desarrollar sus servicios.

A partir de la definición dada de *customer journey* existente sobresalen tres ideas clave en esa definición aparentemente simple, que se deben de tener muy en cuenta y sobre las que hay que especial foco de atención:

1. Contar la historia de sus clientes.
2. Comprender la experiencia del cliente.
3. Construir una relación a largo plazo.

Me sorprende continuamente ver la frecuencia con la que las marcas con las que he trabajado y trabajan nuestros colegas de marketing descuidan el ciclo posterior a la compra. Las inversiones que hacen generalmente se derivan de una perspectiva de servicio. Esta es una forma pasiva de apoyar la lealtad y la defensa de la marca: ambas son fundamentales para el éxito y cuestan menos que la adquisición para arrancar. El mapa de viaje del consumidor nos ayuda a tener este período en cuenta y buscar formas de apoyarlo. Además de brindar una perspectiva emocional importante al viaje de su cliente y servir como un inventario de los momentos clave, los mapas brindan algunos otros beneficios clave:

- **Encontrar nuevas oportunidades:** las cosas cambian rápido. Podemos descubrir un nuevo dispositivo o plataforma en el *mix* de marketing que no estaba allí antes.

Ahora podemos decidir si queremos apoyarlo y cómo.

- **Encontrar espacios vacíos**: es posible que podamos detectar desconexiones entre puntos de contacto; por ejemplo, descubriendo que nuestro sitio *web* no está bien orientado para dirigir el tráfico a nuestros canales sociales o viceversa.

- **Identificar puntos de inflexión**: una vez que tenemos una vista completa de un viaje en particular es más fácil detectar pasos críticos que pueden no haber sido evidentes antes. Esto no genera oportunidades para optimizarlos.

Desde que adoptamos el mapeo de viajes como un componente clave de nuestra fase de estrategia en la empresa, la puesta en práctica del mismo tiene varias ventajas:

1. Crear combustible para equipos creativos.
2. Definir un marco conceptual para clientes.
3. Aprender de los consumidores.

Como en toda actividad de marketing, la definición del *customer journey* en cualquier actividad turística no está libre errores y posibles fallos que puede cometer en su definición o implementación. Con el fin de tratar de prevenirle de los mismos y pueda construir un exitoso *customer journey*, a continuación se le presentan los diez principales errores que otras empresas han cometido:

1. **Centrarse en los puntos de contacto en lugar de las actividades del cliente**: si se centra en el mapeo de los puntos de contacto, es decir, en los puntos en

los que el cliente interactúa con su empresa, sus productos o servicios, entonces se encuentra en una situación difícil. Al hacer esto, perderá la realidad y la perspectiva del cliente, y terminará con un mapa falso. En su lugar, comience por mapear las actividades y situaciones del cliente, teniendo en cuenta que muchas de ellas sucederán fuera de su empresa. Una vez que haya hecho eso, puede agregar puntos de contacto, canales y todo lo demás que sucede dentro de su organización.

2. **Esperar hasta que haya recopilado suficiente información del cliente**: esperar hasta que haya recopilado los conocimientos suficientes de los estudios de campo, las entrevistas y otras investigaciones de los clientes antes de comenzar a mapear, podría ser la forma *kosher* de realizar el mapeo de los viajes de los clientes. Pero el inconveniente es que pierde un tiempo precioso, y hará que sea más difícil comenzar. Entonces, en lugar de estancarse, simplemente comience a mapear las suposiciones que tiene sobre lo que el cliente atraviesa. De este modo, no solo obtendrá un buen punto de partida para un mapeo adicional, sino que también ayudará a sus colegas a adoptar una mentalidad de cliente, que es de gran valor.

3. **Mezclar y actuar sobre las cosas equivocadas**: como ya sabe, está bien poner al cliente en una hoja de ruta en un mapa de viaje. Puede ser útil cuando necesita visualizar un viaje global. Pero asegúrese de saber qué es cada cosa. De lo contrario, podría caer en la trampa de actuar e invertir dinero en un problema

o en una solución que no esté centrada en el cliente y basada en la realidad. Además, recuerde que hay dos aspectos importantes del mapeo de viajes del cliente. Una es obviamente la experiencia y las necesidades de los clientes, pero igualmente importantes son los desafíos comerciales que desea resolver. Por lo tanto, asegúrese de poner sus esfuerzos de mapeo en las áreas que son importantes para su negocio. Y en esas áreas, es crucial que tenga un verdadero conocimiento del cliente. En otras áreas, es posible que acepte algunas suposiciones, ya que le ahorrará tiempo y le permitirá enfocarse en las áreas más críticas.

4. **Quedar atrapado entre el «*AS IS*» y «*TO BE*»**: evite quedar atrapado entre el mapa «*AS IS*» y el mapa «*TO BE*». Muchos profesionales comienzan creando un mapa de recorrido del cliente que visualiza el estado actual, el mapa «*AS IS*». Para lograr el cambio, necesita crear un escenario futuro, es el mapa «*TO BE*». Este mapa también se llama «plan de servicio». Pero como se puede imaginar, tener que hacer malabares con dos mapas, actualizarlos y agregar ideas puede ser confuso. Es muy fácil perderse. En su lugar, para que pueda actuar sobre los puntos de vista e impulsar el cambio, es mejor crear un mapa de viaje que funcione más como un plan de cambio: aún firmemente basado en las percepciones y necesidades del cliente y del negocio, pero más accionable y ágil. Entonces, en lugar de crear dos mapas, quédese con un mapa que funcione como una versión «*AS IS*» y la versión «*TO BE*». De esta manera, tendrá un mapa que le dará una visión

general de dónde se encuentra hoy y hacia dónde se dirige. En este mapa combinado es fácil visualizar el progreso y cambiar y actualizar el mapa cuando se ha realizado un cambio.

5. **Mantener el mapa de viaje del cliente exclusivo para un pequeño grupo**: un error que veo con frecuencia, y que afecta muy negativamente a las empresas, es mantener el mapa del viaje del cliente exclusivamente para un pequeño grupo de personas. Y esta es otra manera segura de fallar, especialmente cuando se trata de implementar cambios. El éxito llegará mucho antes si comparte el mapa con tantos como sea posible. Sea transparente y anime a la colaboración, y recuerde comenzar por implementar el mapa de recorrido del consumidor antes de comenzar a implementar los resultados del mapa del viaje. Al hacerlo, no solo creará la centralización del cliente —que es crucial—, sino que también podrá estimular el compromiso, la aceptación y la cooperación del mismo.

6. **Tratar el mapa de viaje del cliente como una entrega del proyecto**: algunos profesionales piensan en el mapa de viaje del cliente como una entrega de proyecto, algo que termina en un proyecto. Nada podría ser más erróneo. Si tiene esta mentalidad, el mapa de viaje del consumidor seguramente terminará en una carpeta en algún lugar, y todos sus esfuerzos serán desperdiciados. En cambio, como comentamos anteriormente, el mapa de recorrido debe verse como un punto de partida para un cambio que gire en torno al cliente, y como una herramienta para implementar

los cambios basados en la percepción del cliente y las necesidades del negocio. Así que tome ese mapa y comience a usarlo de inmediato, asegurándose de mantener actualizado el plan de cambio en su trabajo diario.

7. **Comenzar un mapa de viaje del consumidor sin un objetivo final**: dado que el mapeo de los viajes de los clientes se ha puesto de moda, se ha convertido en «lo que se puede entregar» y no en un medio para un fin. De hecho, he tenido clientes que vienen a solicitar un mapa de viaje como su objetivo principal. Cuando les pregunto qué están tratando de lograr, dicen: «Quiero crear un mapa de viaje». No me dicen: «Quiero mejorar la retención de clientes»; o: «Quiero aumentar la satisfacción del cliente». El mapa de recorrido tiene que convertirse en un fin en sí mismo. Si no tiene un motivo comercial para crear un mapa de viaje, deténgase antes de comenzar. Demasiadas organizaciones tienen un mapa de viaje en su pared que demoró tiempo para crear cero beneficio producido para la empresa. Al comenzar con un objetivo en mente, es mucho más fácil decidir qué viaje(s) desea explorar y qué atributos está tratando de mejorar.

8. **Mapear el proceso en lugar de mapeo del viaje del cliente**: tengo un amigo y compañero de profesión que un día me dijo: «He hecho un recorrido de los veintiséis puntos del viaje del consumidor; ¿y ahora qué?». Mi respuesta inmediata: «¿De cuántos de esos puntos es realmente consciente el cliente?». La respuesta de mi amigo: «Uh, no sé». A través del éxito de la mejora del proceso de *software* específico todos

nos hemos hecho buenos en el mapeo de procesos. Podemos rastrear el flujo de trabajo desde sus orígenes hasta el final del proceso. Desafortunadamente, a veces utilizamos esas habilidades para mapear todos los pasos internos de una interacción «con el cliente» y no los «orientados al cliente». No podemos olvidarnos del «consumidor» en su mapa de viaje. Al observar el recorrido desde el punto de vista del consumidor, no solo vemos claramente lo bueno y lo malo de nuestras interacciones con el cliente, sino que también obtenemos una idea de los pensamientos, las actitudes y las emociones de nuestros clientes, y con esas ideas comenzamos a comprender realmente cómo mejorar su viaje.

9. **Obtener las perspectivas de sus empleados, pero no los clientes**: a pesar del lloriqueo que a veces se oyen por parte de los empleados, es bastante fácil lograr que participen en un taller de mapeo de viajes. En menos de ocho horas se puede crear un mapa de viaje que tenga los principios básicos de la experiencia de sus clientes. Los beneficios de comenzar con empleados incluyen:

- Crear un *buy-in* para el mapa porque los empleados participaron en su creación;
- Crear compañerismo y mejorar la relación entre los empleados;
- Mejora de los procesos internos.

10. Solo mirando el viaje existente del cliente, no lo que podría ser: este es el error más común que veo en el mapeo de viajes del consumidor. Incluso si comienza con un objetivo y un verdadero mapa de viaje con la opinión de su cliente, la mayoría de las organizaciones se detienen cuando tienen una descripción precisa del recorrido existente. Eso no está mal, pero de nuevo, está incompleto.

Lead generation

La generación de *leads* es el proceso de atraer y convertir a extraños y prospectos en los clientes potenciales sobre los que su empresa pondrá todos los esfuerzos para cerrar las ventas. Cada vez que alguien ajeno al mundo del marketing me pregunta qué hago, no puedo decir simplemente: «Creo contenido para la generación de *leads*». Estaría totalmente perdido en ellos, y tendría miradas realmente confusas. Entonces, en su lugar, digo: «Trabajo para encontrar maneras únicas de atraer personas al negocio de las empresas para las que trabajo. Quiero brindarles suficientes razones para que se interesen en mis clientes, de modo que eventualmente se acerquen a la marca lo suficiente como para querer saber de ella». Por lo general suena mejor, y eso es exactamente lo que es la generación de *leads*: es una forma de calentar a los clientes potenciales para su negocio y ponerlos en el camino de la compra final.

¿Por qué necesita la generación de *leads*? Al mostrar un interés orgánico en su negocio, son aquellos desconocidos y prospectos los que inician la relación con usted, lo que hace que sea más fácil y más natural para ellos querer comprarle algo en el futuro. Dentro de la metodología del *inbound* marketing, la generación de *leads* cae en la segunda etapa. Ocurre después de haber atraído a una audiencia y estar listo para convertir a esos visitantes en clientes potenciales para su equipo de ventas. Como puede ver en el siguiente diagrama, generar clientes potenciales es un punto fundamental en la actividad diaria de un departamento de marketing, para posteriormente convertirlo en un potencial cliente primero en manos del departamento de ventas y finalmente en un cliente satisfecho de su negocio y prescriptor.

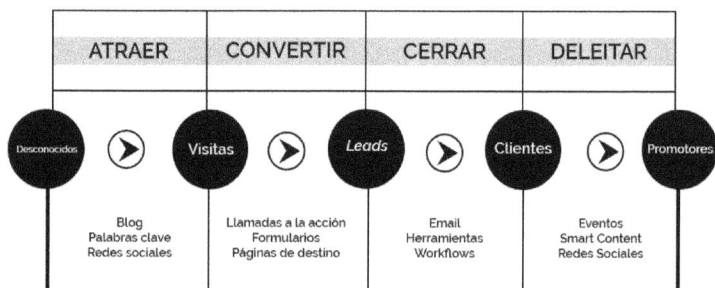

ATRAER	CONVERTIR	CERRAR	DELEITAR
Desconocidos ▶ Visitas	▶ Leads	▶ Clientes	▶ Promotores
Blog Palabras clave Redes sociales	Llamadas a la acción Formularios Páginas de destino	Email Herramientas Workflows	Eventos Smart Content Redes Sociales

* Proceso de generación de leads

Si usted es responsable de comercializar una agencia de viajes, un hotel, un restaurante, un operador turístico, una línea de cruceros o una empresa de expedición, esto es para usted. Los viajes cambian la vida y su empresa sabe cómo crear viajes increíbles para sus clientes. Probablemente reciba muchos ingresos recurrentes y referencias, pero para crecer necesita una fuente constante de nuevos clientes. Existen muchas formas de difundir sus contenidos para atraer nuevos clientes: noches de viaje, ferias comerciales, redes sociales, publicidad en línea, medios impresos y más. Pero a medida que el mundo de la publicidad cambia, y con el aumento del consumo de medios *on line* por parte de sus viajeros objetivo, el marketing digital se ha convertido en el aspecto más importante del crecimiento de cualquier negocio. Sus posibles viajeros están *on line* en Facebook, LinkedIn, Instagram y Google. Entonces, ¿cómo se destaca del ruido atronador existente en el mercado para llamar su atención? El *inbound* marketing es una excelente forma de atraer a más personas a su sitio *web*, convertirlas en clientes potenciales y finalmente en clientes. En estas líneas compartiré con usted cómo crear una campaña de marketing que genere clientes potenciales para su negocio. Si ha estado gastando tiempo y dinero, pero no está generando suficientes clientes potenciales en su sitio *web*, esta guía le ayudará solucionar parte o sus problemas de marketing para mejorar sus resultados.

Su proceso de generación de *leads*

Solo necesita cuatro elementos para construir un sistema básico de generación de prospectos:

— Una oferta irresistible dirigida a su viajero ideal;
— Una llamada a la acción convincente;
— Una página de destino que convierte;
— Un formulario.

Poseer una oferta irresistible

Una oferta, también comúnmente conocida como «imán de plomo», es una pieza de contenido, un descuento especial u otro «gancho» que sus viajeros objetivos perciben como de alto valor. Tiene que ser algo que lo quieran lo suficiente como para estar dispuestos a darle su información personal para poder obtenerla. Al hacer que su oferta sea irresistible, convertirá a más de sus visitantes en clientes potenciales. Ejemplos de ofertas en el sector turístico incluyen guías de destino o de viaje, promociones especiales para quienes se suscriben a una lista, suscripciones a boletines informativos especiales o revistas impresas de alto valor, o incluso ejemplos de itinerarios. Al decidir qué ofrecer, es importante tener en cuenta dos factores: (1) su *buyer* persona y (2) su etapa en el proceso de compra. Un comprador en la etapa de consideración que solo está pensando en planificar unas vacaciones puede encontrar una guía de destino gratuita irresistible, pero no estar preparado para solicitar un presupuesto o una consulta.

Idealmente, necesitará crear tres ofertas: (1) una para prospectos en la etapa de concienciación (que apenas comienza a pensar en sus próximas vacaciones); (2) otra para la etapa de consideración (comenzando a buscar destinos alternativos y consejos de lectura en línea); y (3) la decisión etapa (lista para recibir presupuestos y reservar un viaje). La mayoría de los sitios *web* de viajes que visito solo tienen una llamada a la acción: un botón «solicitar una presupuesto» o «programar una consulta».

Llamadas a la acción (CTA)

¿Cómo se crea un llamado a la acción efectivo?

Los botones de llamada a la acción, o «CTA» (*call to action*) para abreviar, son aquellos botones en una página *web* en los que el cliente hace *clic* para responder a una oferta. Los CTA se mostrarán en las páginas de sus productos (páginas que no sean de destino), en anuncios gráficos, correo electrónico, redes sociales, correo directo y prácticamente en cualquier lugar donde pueda comercializar su oferta. En lugar de tratar estos como una idea posterior, debe poner un poco de energía en la creación de botones atractivos que atraigan la atención de sus potenciales clientes y los tienten a hacer *clic*. Si sus CTA no captan la atención de las personas y las persuaden para que hagan *clic*, entonces su oferta es inútil.

Dónde colocar su CTA

Dónde colocar estos botones en una página *web* o correo electrónico es fundamental para obtener la atención de su cliente potencial. Recomiendo colocar CTA en la parte superior de sus páginas *web*, en el espacio donde su página *web* puede verse sin tener que desplazarse hacia abajo. Esto ayuda a que el doble de visitantes lo vea, ya que aproximadamente la mitad de los visitantes de su página no se desplazarán hacia abajo más allá de la tapa.

Sea claro y específico

Sus CTA deben transmitir exactamente lo que su cliente potencial recibirá de la manera más específica posible. Si está regalando una guía gratuita a Italia, diga: «Descargue nuestra guía gratuita para visitar Italia», no la más genérica: «Descargar ahora». Asegúrese de que el CTA transmita claramente el beneficio de lo que ofrece para aumentar los *clics*.

Utilice el contraste para resaltar sus CTA

Evite los colores en los CTA y los diseños que se mezclan con los colores de su sitio *web*. Además, asegúrese de que el diseño hace que sea obvio que se trata de un botón en el que se puede hacer *clic*.

Enlace a una página de aterrizaje dedicada

Una vez que el usuario haga *clic*, nunca debe enviarlos a un sitio *web* genérico, como «contáctenos en nuestra página de inicio». El *clic* debe enviar al visitante a una página de aterrizaje dedicada a describir mejor la oferta e incluir el formulario para completar y descargar la oferta. Incluso si su CTA no es una oferta específica como una descarga, debe enviarla a una página de destino específica que sea relevante para lo que está buscando.

Incluya una CTA en cada página de su sitio *web*

Si su sitio *web* tiene páginas de productos o servicios por separado, incluya un CTA en cada una de ellas para una oferta relevante. Cuando tenga un visitante que realiza conversiones en una de sus páginas de destino y las envía a una página de «agradecimiento», use un CTA para una oferta relacionada con el objetivo de reconvertir a ese visitante y moverlos a lo largo del proceso de compra. Por ejemplo, si ofrece a sus visitantes una guía gratuita a Italia, esa página de agradecimiento podría incluir un CTA para alentarlos a programar una consulta con uno de sus planificadores de viajes.

Desarrollo de *landing pages*

La página de destino es uno de los elementos más críticos de su sistema de generación de *leads*. Usar páginas de destino en lugar de páginas *web* estándar le ayuda a enviar a sus visitantes a ofertas altamente segmentadas sin las distracciones en todo lo demás en su sitio *web*. El único propósito de una página de aterrizaje o *landing page* es atraer al visitante a brindar su información personal para que se convierta en un nuevo contacto en su sistema de base de datos. Todo lo relacionado con la página está diseñado para generar ese resultado. A continuación, doy algunos consejos para el diseño de la página de aterrizaje óptima.

1. Cree una página de aterrizaje con los máximos elementos posibles.
2. Use los menús del sitio *web* en las páginas de destino.
3. Asegúrese de que el título de su página de destino coincida con su CTA.
4. Mantenga su diseño simple y limpio.
5. Describa los beneficios de su oferta.
6. Botones para compartir en redes sociales.
7. Agregue elementos de prueba para disminuir la ansiedad.
8. Optimice su página de destino para motores de búsqueda.
9. Construya múltiples ofertas y páginas de destino.
10. Redacción de formularios incluyendo el botón «enviar».
11. Considere reemplazar formularios con *chatbots*.

Reemplazar un formulario con *chatbot* a veces puede ayudar a aumentar las conversiones. El contenido interactivo como este tiende a aumentar las conversiones. Drift, una empresa líder de *software* de *chatbot*, informa que muchos de sus clientes pudieron duplicar sus conversiones instalando *bots* de *chat* en sus sitios *web*.

Su *blog*

Según HubSpot, las empresas que publican en *blogs* de seis a ocho veces al mes obtienen el doble del volumen de clientes de las que no publican nada. Puede promocionar sus ofertas en las publicaciones de su *blog* incluyendo un CTA en una oferta relevante en la parte inferior de la publicación e hipervínculos a su página de destino dentro del cuerpo de su publicación de *blog*.

Campañas de *mail marketing*

Puede promocionar sus ofertas a su lista existente de suscriptores habilitados. Algunas de las mejores prácticas a seguir son:

- Envíe valiosas ofertas a sus contactos: si envía ofertas realmente interesantes o valiosas, ya sean descargas, descuentos o contenido educativo, es más probable que las personas compartan sus correos electrónicos con sus amigos o colegas.

- Envíe sus ofertas a una lista segmentada: evite enviar ofertas genéricas a todos los que figuran en su lista. Obtendrá mejores resultados si se enfoca en las ofertas basadas en intereses relacionados. Por ejemplo, si tiene una lista de viajeros interesados en cruceros a Europa, envíeles ofertas que coincidan con sus intereses, como una guía de los mejores cruceros culinarios a Europa.

- Ofrezca a las personas las herramientas para compartir: no olvide agregar un enlace «reenviar a un amigo» o los botones para compartir en las redes sociales dentro de cada correo electrónico para que se anime a la gente a pasarlo.

Medios de comunicación social

Las redes sociales son una excelente manera de promocionar los viajes, y los clientes desearán compartir sus ofertas en las redes más relevantes para su mercado objetivo. Algunos consejos para las redes sociales:

- **Construya un seguimiento.** Desarrollar una relación con clientes potenciales es un primer paso crítico. Las conexiones a las redes sociales son realmente de persona a persona, no siempre de empresa a persona. Necesitará tener interacción humana, comentarios, mensajes y respuestas a quienes interactúan con su página de manera oportuna.

- **Recuerde, las redes sociales son un diálogo y no siempre se trata de promocionar su próximo viaje.** Intente publicar al menos tres publicaciones puramente educativas o entretenidas para cada publicación promocional de su empresa.

- **Publicar y compartir enlaces a sus *blogs* y páginas de inicio** es la mayor palanca para aumentar la generación de oportunidades de venta a través de las redes sociales. Comparta sus nuevas ofertas de contenido publicando enlaces a páginas de destino, y además comparta publicaciones de *blogs*, descuentos y otros recursos geniales.

- El alcance orgánico en las redes sociales se ha reducido en los últimos años y cada vez es más difícil destacarse. **Es posible que deba asignar parte de su presupuesto de marketing a la publicidad pagada** en redes sociales para promocionar sus ofertas a sus seguidores u otras audiencias específicas.

Sitios de revisión *on line*

Los enlaces a su negocio de viajes en los sitios de revisión, como Google Places, Yelp y Trip Advisor, pueden ser muy útiles para generar clientes potenciales. Asegúrese de que sus perfiles estén actualizados usando una herramienta de SEO local como Moz. Para los sitios de revisión, asegúrese de que alguien de su equipo se mantenga al tanto de las revisiones de monitoreo, responda y aliente a sus clientes más felices a dejar esas revisiones de cuatro y cinco estrellas.

Lead scoring

Los equipos de ventas y marketing pueden juzgar mejor lo cerca que está un prospecto o cliente de hacer una compra con puntaje más preciso. Al observar dónde está «el plomo» en el embudo de ventas, los empleados pueden priorizar su tiempo y recursos. Esto permite que las acciones de marketing se centren en los clientes que están a punto de finalizar una venta, lo que puede generar una mayor conversión o una tasa de cierre. Sus clientes generalmente están más abiertos a la atención individualizada que alguien que está revisando su empresa por primera vez. Al centrarse en los consumidores que ya han alcanzado un paso específico en el embudo de ventas (como solicitar un presupuesto gratuito), es más probable que los vendedores sean capaces de guiar al consumidor a completar una compra. Antes de comenzar a implementar su modelo, comience por crear un plan sobre cómo desarrollará su modelo de puntuación de clientes potenciales. Querrá saber qué características principales aumentarán la puntuación de un líder y cuáles disminuirán su puntaje (sí, la puntuación debería bajar a veces). Cree una matriz que le permita visualizar cómo aplicará las reglas de puntuación de clientes potenciales.

Después de eso, asigne un valor a cada elemento de su modelo de puntaje principal. Algunos datos demográficos y actividades pueden ganar un gran impulso en la puntuación de clientes potenciales. Otros pueden ser más sutiles, como hacer *clic* en una publicación de *blog*, lo que indica cierto interés, pero puede no ser una señal fuerte de que es probable que compren pronto. Para la mayoría de las actividades, tiene sentido asignar un valor de entre cinco y veinte puntos en una escala de cien puntos. Luego, establezca puntos de referencia en cuanto a qué puntajes corresponden a diferentes etapas

en el ciclo de compra. Esto le dará una forma de califi-
car y segmentar a sus clientes potenciales en función de
un embudo de ventas tradicional.

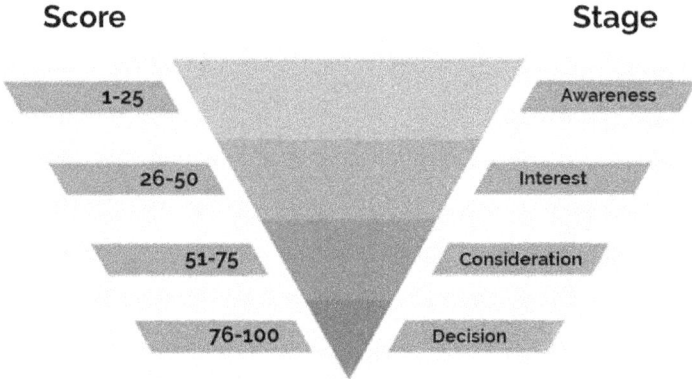

Score	Stage
1-25	Awareness
26-50	Interest
51-75	Consideration
76-100	Decision

Marketing content

El marketing tradicional en el sector turístico es cada vez menos efectivo, al tiempo que el marketing digital se impone entre los jóvenes. El marketing de contenidos es un enfoque de marketing estratégico cuyo objetivo es la creación y distribución de contenidos valiosos, relevantes y consistentes con el fin de atraer y retener a un *target* claramente definido e impulsar acciones concretas con los clientes más rentables. En lugar de lanzar sus productos o servicios, proporcionará contenido realmente relevante y útil a sus clientes potenciales y clientes para ayudarlos a resolver sus problemas. El Content Marketing Institute obtuvo como conclusión a inicios de 2018 en su informe titulado *Annual Research: Content* Marketing *Budgets, Benchmarks and Trends*, que la gran mayoría de los especialistas en marketing utilizan el marketing de contenidos. De hecho, es utilizado por muchas organizaciones destacadas en el mundo, como P & G, Microsoft, Cisco Systems y John Deere. También es desarrollado y ejecutado por pequeñas empresas y tiendas unipersonales de todo el mundo. ¿Por qué? Porque funciona.

Todo el mundo quiere producir más contenido excelente, ya sea entradas de *blog*, videos, *podcasts*, libros electrónicos o incluso contenido en redes sociales diseñado para obtener muchas acciones. Una estrategia de marketing de contenidos es una hoja de ruta que no solo le indica lo que va a crear, sino cómo lo va a crear, distribuir y finalmente utilizar para atraer, retener y convertir lectores y espectadores en clientes. Es una gran tarea, que no debe temer abordar. Cada parte de su estrategia de marketing de contenido tiene sus propios matices y detalles únicos que no querrá perderse. A continuación se muestran diez pasos que debe seguir para construir una estrategia de marketing de contenidos para lograr el éxito, seguida por los expertos del sector y por un servidor durante mi propia experiencia en el camino.

1. **Defina su meta de marketing de contenido.** Antes de mirar lo que va a crear, debe responder por qué lo está haciendo. Cada estrategia de marketing de contenido comienza con el objetivo. ¿Cómo va a medir el éxito de su campaña? ¿Es con el tráfico? ¿Nuevos suscriptores? ¿Descargas de aplicaciones? ¿Conversiones? ¿Acciones sociales y participación? ¿Vistas de vídeo? ¿Descargas de podcasts? ¿Ventas?

2. **Investigue y entienda a su audiencia.** Una vez que tenga una conexión clara con el motivo por el que está creando contenido, el próximo paso para desarrollar su estrategia de marketing de contenido es comprender exactamente quién verá, escuchará o verá el contenido que usted crea.

3. **Configure su *blog* (si no tiene uno ya).** Es hora de pasar de la parte táctica a la operativa de su estrategia de marketing de contenidos. Si no ha configurado un

blog o ha encontrado un lugar para alojar el contenido que va a crear, ahora es el momento.

4. **Actualice su contenido actual (si ya ha estado publicando).** Nunca es un mal momento para volver a evaluar su estrategia de marketing de contenidos y cambiar de marcha si algo no funciona. Si ya ha estado escribiendo o produciendo otro tipo de contenido por un tiempo, ahora es un buen momento para llevar su contenido publicado al estilo de su nueva estrategia de marketing de contenido.

5. **Comience a crear una lista de correo electrónico y sepa cómo lo va a usar.** Cualquier contenido que esté creando, quiere ponerlo frente a las personas adecuadas. Pero antes de entrar en la distribución, aprovechar las redes sociales y todo lo demás, necesita poner la atención sobre la pieza más importante de su rompecabezas de distribución de contenido: el correo electrónico.

6. **Organice una tormenta de ideas sobre las ideas de contenido y use el *keyword research* para encontrar lo que su público está buscando.** De acuerdo, en este momento sabe por qué está creando contenido y quién es su audiencia. Tenemos una configuración de *blog* y nuestro proveedor de servicios de correo electrónico está listo para funcionar. Finalmente es hora de hablar sobre el contenido real que vas a crear y cómo se alinea con tu estrategia de marketing de contenido.

7. **Decida qué formato de contenido desea producir.** Publicaciones de *blogs*, vídeos, *podcasts*, infografías... Todas tienen su lugar en su estrategia de contenido y depende de usted cómo las use. Lo que no es negociable, sin embargo, es que cuentan una historia.

8. **Defina qué estrategias y tácticas de marketing de contenido.** Ahora que tiene su contenido en conjunto, ¿cómo lo va a promocionar o distribuir? Tiene que ser productivo con sus esfuerzos de marketing, porque si nadie ve, escucha o lee el contenido que tanto tiempo ha dedicado a crear, ¿valió la pena siquiera escribirlo?

9. **Use las redes sociales para promocionar su contenido.** En estos días, es prácticamente imposible separar su estrategia de marketing de contenido de su estrategia de redes sociales.

10. **Use anuncios de pago para obtener visitas extra en su contenido.** En estos días, muchas plataformas de redes sociales se están moviendo a un modelo de «pagar para jugar». Es decir, incluso si tiene un gran número de seguidores y un gran compromiso, debe aumentar el dinero invertido en publicidad para que su contenido sea visto por todos.

Un estudio realizado por Think with Google reveló que el 65 % de los consumidores de viajes de ocio y el 69 % de los de viajes de negocios realizan búsquedas *online* antes de decidir dónde (o cómo) quieren viajar. Atraer a más visitantes y convertirlos en clientes de su negocio desde su página *web*, sus redes sociales, sus *landing pages* o sus *linkbuildings* requiere de una completa y eficiente optimización de la estrategia de marketing y de su posición digital, que haga que sean efectivos todos los esfuerzos para aumentar los clientes por medio de los canales comentados anteriormente.

Solo si conoce con máximo detalle a su público será capaz de atraerlo a su sitio web a través de contenido pensado especialmente para él. De esto trata el *inbound* marketing. Esta metodología combina diferentes acciones no solo de marketing de contenidos, sino también de posicionamiento *web*, tráfico *web* y sobre todo conversión, por lo que es una de las estrategias que más está creciendo en implantación en las empresas. Está tan de moda porque es capaz de atraer a clientes de manera no intrusiva, es decir, sin ser tan agresivos como los medios de grandes masas. Por ello mismo, todas las empresas, independientemente de su tamaño, sector de actividad y país, utilizan esta estrategia de marketing, ya que además protege su imagen, conservándola más prestigiosa. En el caso del sector hotelero, por ejemplo, está claro que si las empresas realizan esta estrategia tendrán resultados en el corto plazo. Para ello es clave definir cada una de las fases y centrarse siempre en el cliente final, aunque la etapa clave es la de conversión, ya que es donde se pasa de tener a un visitante a un *lead* cualificado, propuesto para más acciones específicas por parte del departamento comercial. En este ejemplo, es de vital importante tener una gran página *web*, donde se a través de la misma debemos de proporcionar una gran experiencia de usuario, con contenido útil y un aspecto atractivo y diferencial que haga que los visitantes reserven habitación en nuestra habitación y por lo tanto, elevar el *ratio* de conversión. A continuación, se exponen algunas de las técnicas más productivas que si se optimizan será capaz de aumentar el *ratio* de conversión e incrementar las ventas de su hotel:

1. Establecer una relación de satisfacción con los *buyer* persona.
2. Mejorar la experiencia personalizada y la navegación de la *web*.
3. Prestar atención a las redes sociales.
4. Cuidar el *call-to-action* y las *landing pages*.
5. Analizar la información en tiempo real.
6. Implementar las estrategias de *e-mail* marketing.
7. Visibilizar la información de contacto.
8. Optimizar la distribución.

¿Todavía tiene dudas de qué tipo de contenido debe crear para generar tráfico en su *web* y obtener conversiones en forma de *leads*? No se preocupe. Si tiene una empresa implantada en el sector turístico, a continuación se muestran diez ideas para crear contenidos de valor para el turista:

1. Construya contenidos relacionados con eventos destacados.

Un buen tipo de contenido y que suele gustar mucho a los turistas es crear una lista con los eventos más importantes en su zona y poner a su disposición de manera visual y sencilla. Para ello se pueden utilizar infografías y otros contenidos visuales.

2. Ofrezca una lista de recomendaciones útiles.

Otra manera fácil y sencilla de dar valor a los clientes es regalándoles una lista con recomendaciones útiles sobre el destino. Como por ejemplo:

- Los cinco mejores restaurantes de comida típica en la ciudad;
- Diez edificios que no te debes perder en este destino;
- Siete platos exquisitos de la región.

3. Realice entrevistas a clientes en vídeos cortos.

Un tipo de contenidos que siempre funciona es el vídeo, así que debería aprovecharlo muy bien en este sector. Es algo muy fácil de crear y que suele gustar mucho, como las entrevistas a clientes donde cuentan de manera espontánea sus experiencias con el servicio prestado en vídeos cortos, máximo de dos minutos. Acto seguido, difúndalas.

4. Redacte su propia guía turística.

Hoy en día las guías son utilizadas en muchos sectores y suelen tener una gran aceptación por parte de los usuarios. Aproveche y redacte su propia guía turística donde enseñe a los clientes lo que necesitan saber de su producto o destino, y que sea de ayuda para resolver las dudas que tengan. Algunos ejemplos pueden ser:

- guía para conocer Madrid en tres días;
- guía con veinte cosas que no deberías perderte en Madrid;
- guía para viajar a Madrid desde Europa.

5. **Proporcione un *pack* con las aplicaciones de viajes indispensables**

Como hoy en día el turista hace sus consultas casi siempre a través del móvil en sus viajes, otro tipo de contenido que podría estar muy bien es crear un *pack* con aquellas *apps* que considere esenciales para el turista y que sepa que suelen ser útiles y usadas por los consumidores. Con ello, creará un efecto *wow* en su cliente, pues no lo esperará. Algunos ejemplos podrían ser:

- Cinco *apps* de transporte que no debes perder;
- Los mejores mapas turísticos de la ciudad;
- *Apps* de los museos más importantes de la ciudad;
- *Apps* de los mejores lugares donde comer.

6. **Realice un calendario con las fiestas más representativas de tu lugar.**

Otro contenido muy apreciado y que no todas las empresas turísticas hacen. Cree su propio calendario donde señale las fiestas y ferias más importantes de la ciudad o región. Si además, añade una breve descripción de lo que representa cada una, habrá conseguido un contenido de mucho valor y utilidad para sus clientes.

7. Cree un diccionario infográfico con las expresiones más comunes de su región.

Algo que nunca he visto a nadie regalar, pero creo que podría ser un contenido muy interesante para los turistas. Ofrezca un diccionario donde se encuentren las expresiones más comunes de su región. A todos los turistas les gusta poder decir tres palabras en el idioma del país o ciudad que visitan. Si quiere añadir más valor, añada una imagen al lado de cada término y así hace su diccionario más visual y atractivo.

8. Entreviste a personas con relevancia en su área

Otro de los contenidos que le podrá ayudar a ganar visibilidad es realizar entrevistas a personas o *influencers* con importancia en su sector. Es importante que ellos se sientan orgullosos de la entrevista para luego compartir en sus redes sociales y medios.

9. *Ranking* **personal de los lugares imperdibles de su destino**

Los *rankings* de las cosas que no debemos dejar de visitar en un lugar es uno de los contenidos mejor aceptado por los turistas, así que ¿por qué no aprovecha y añade un valor personal a un *ranking*? Construya el *ranking* de los lugares que no se deben dejar de visitar en su ciudad según las personas locales o empleados. Con ello, estará demostrando que le importa la opinión de las personas locales y ofrece un contenido completamente distinto y único.

10. Listado con preguntas frecuentes

Para finalizar, otro contenido que suele ser útil para quienes están buscando viajar a un lugar, o cuando están en el viaje y necesitan respuestas. En la época en la que vivimos, gracias a Internet han aparecido y aparecen cada año nuevas páginas *web* de contenidos, sitios *web* de comparación, buscadores, etc., que con el paso del tiempo terminan haciéndose un hueco en el sector gracias a su buen hacer, y se convierten en cierta medida en *influencers*. Es decir, sino estás en ellos, no existes. Si tiene un negocio turístico, además de todo lo anterior deberá de estar presente en las siguientes diez plataformas o *webs* donde participar y darse de alta:

- Minube
- Tripadvisor
- 11870.com
- Google business-maps
- Booking
- El tenedor
- Gastroranking
- Rastreator
- Kayak
- Pepecar

Posicionamiento SEO

SEO es la abreviatura de «optimización de motores de búsqueda», del acrónimo inglés *search engine optimization*. Tener su sitio optimizado para los motores de búsqueda significa intentar tener una posición superior en las páginas de resultados cuando se escribe una palabra clave específica o también llamada «palabra clave» en el buscador. Hay muchos servicios de optimización de motores de búsqueda para elegir, por lo que aquí hay algunas cosas que debe de tener en cuenta cuando considere servicios de SEO o desarrolle una estrategia de SEO por su cuenta.

Los motores de búsqueda tienen dos tipos de listas: las que se pagan, que generalmente se distinguen como «enlaces patrocinados» gestionados por medio de Google Adwords o Bing Ads (si estamos utilizando Chrome o Internet Explorer respectivamente) y las que son orgánicas. Los listados de motores de búsqueda orgánicos son aquellos que aparecen en la mitad de la página. Los servicios de optimización de motores de búsqueda están dedicados a optimizar los sitios para que aparezcan en el espacio de listados orgánicos.

Los motores de búsqueda dirigidos por arañas, como Google, Yahoo y Microsoft utilizan «robots» o «rastreadores» para marcar sitios *web* en Internet. Los robots «arañan/rastrean» cada sitio y «anotan» las páginas según la relevancia que tengan. La puntuación o la ubicación de un sitio *web* dentro de un motor de búsqueda dirigido por una araña se deriva de cientos de variables, como la popularidad del enlace, la densidad y la frecuencia de las palabras clave en el contenido de la página, el código HTML, los temas del sitio y más. A pesar de que hay múltiples factores que influyen en su estrategia de SEO para posicionarse bien entre los principales motores de búsqueda, quiero centrarme en los dos principales cuando empieza a desarrollar una estrategia SEO por su cuenta:

Popularidad de enlaces

Los motores de búsqueda dirigidos por arañas usan robots para rastrear los sitios *web* a través de Internet al viajar a través de enlaces de una página a otra. La puntuación o la ubicación de un sitio *web* dentro de un motor de búsqueda dirigido por una araña se deriva de cientos de variables, como la popularidad del enlace, la popularidad de los *clics*, la densidad de palabras clave, los temas del sitio *web* y más.

Google es el motor de búsqueda más popular impulsado por arañas. Su base de datos tiene actualmente unos cuatro mil millones de páginas indexadas y es conocida por encontrar la información más relevante. Cuando Google rastrea la *Web*, encuentra sitios viajando a través de enlaces. Cuantos más sitios enlazan con usted, más importantes son los motores que creen que su contenido es. Debe centrarse en conseguir que muchos sitios importantes se vinculen a su sitio. Puede hacer esto de muchas maneras: enviar a directorios en línea, intercambiar enlaces con socios comerciales y sitios relacionados con la industria, o participar en *link building*.

Contenido de página

Las arañas de los motores de búsqueda solo pueden atravesar el texto. Usarán el contenido de su sitio para determinar de qué trata su sitio, lo que a su vez ayudará a decidir lo alto que será su sitio para las frases de palabras clave cuando los visitantes las escriban en los motores de búsqueda. Por esta razón, la investigación de palabras clave es fundamental para obtener un posicionamiento natural en los motores de búsqueda, y debería estar en la parte superior de su lista al diseñar su estrategia de SEO. Necesitará saber cuántas personas están buscando sus frases de palabras clave y con qué tipo de competencia se está enfrentando al intentar obtener un lugar destacado en los resultados de búsqueda. La investigación de palabras clave, la redacción de textos, las presentaciones y el análisis del sitio se incluyen en nuestros paquetes de optimización de motores de búsqueda.

Actualmente, la estrategia moderna de SEO es el proceso de organizar el contenido de un sitio *web* por tema, lo que ayuda a los motores de búsqueda como Google a comprender la intención de un usuario cuando busca. Al optimizar una página *web* en torno a los temas, primero puede clasificar bien las palabras clave de cola larga relacionadas con ese tema. A continuación le propongo siete pasos que debe de dar para asegurarse de que su estrategia SEO sea un éxito durante 2019:

Paso 1: haga una lista de temas

Las palabras clave están en el corazón del SEO, pero en realidad ya no son el primer paso para un crecimiento orgánico. Su primer paso es hacer una lista de los temas que le gustaría cubrir de un mes a otro, y que los mismos sean relevantes tanto para su negocio como para su audiencia. Para comenzar, compile una lista de aproximadamente diez palabras cortas y términos asociados con su producto o servicio. Use la herramienta para palabras clave de Google con el fin de identificar su volumen de búsqueda, y cree variaciones que tengan sentido para su negocio. Como puede decir, está asociando estos temas con las palabras clave populares de cola corta, pero no está dedicando publicaciones de *blog* individuales a estas palabras clave. Estas palabras clave son demasiado competitivas para obtener un alto rango en Google si está comenzando a optimizar su sitio *web* para la búsqueda.

Con el volumen de búsquedas y la competencia como medida, reduzca su lista a diez o quince palabras clave de cola corta que sean importantes para usted. Luego, clasifique esta lista en orden de prioridad o relevancia para su negocio. Cada una de estas palabras clave se denomina «pilar» y sirve como soporte principal para un «grupo» más grande de palabras clave de cola larga, que es lo que nos lleva a nuestro siguiente paso.

Paso 2: haga una lista de palabras clave de cola larga basadas en estos temas

En este momento usted comenzará a optimizar sus páginas para palabras clave específicas. Para cada pilar que haya identificado, use la herramienta de palabras clave para identificar de cinco a diez palabras clave de cola larga que profundicen en la palabra clave del tema original.

Por ejemplo, los consultores regularmente creamos contenido sobre el tema de «SEO», pero todavía es muy difícil clasificar bien en Google para un tema tan popular solo en este acrónimo. También nos arriesgamos a competir con nuestro propio contenido al crear varias páginas que están dirigidas exactamente a la misma palabra clave, y potencialmente a la misma página de resultados del motor de búsqueda (SERP). Por lo tanto, también creamos contenido sobre la investigación de palabras clave, la optimización de imágenes para motores de búsqueda, la creación de una estrategia de SEO (que está leyendo en este momento) y otros subtemas dentro de SEO.

Use para su negocio los subtemas para crear una publicación de *blog* o ideas de páginas *web* que expliquen un concepto específico dentro de cada tema más amplio que identificó en el paso 1. Conecte estos subtemas en su herramienta de investigación de palabras clave para identificar palabras clave de cola larga en las que basar cada publicación de *blog*. Juntos, estos subtemas crean un *cluster*. Por lo tanto, si tiene diez temas de pilares, deben estar preparados para admitir un grupo de cinco a diez subtemas. Este modelo de SEO se denomina «grupo de temas» y los algoritmos modernos de los motores de búsqueda dependen de ellos para conectar a los usuarios con la información que están buscando.

Paso 3: construir páginas para cada tema

Cuando se trata de sitios *web* y clasificación en los motores de búsqueda, tratar de obtener una página para clasificar por un puñado de palabras clave puede ser casi imposible. Tome los diez temas de pilares que se le ocurrieron en el paso 1 y cree una página *web* para cada uno que describa el tema a un nivel alto, utilizando las palabras clave de cola larga que creó para cada grupo en el paso 2. Una página de pilares en SEO, por ejemplo, puede describir SEO en breves secciones que introducen investigación de palabras clave, optimización de imagen, estrategia SEO y otros subtemas a medida que se identifican. Piense en cada página de pilares como una tabla de contenido, donde informa a sus lectores sobre los subtemas que desarrollará en las publicaciones del *blog*.

Use su lista de palabras clave para determinar cuántas páginas de pilares diferentes debe crear. En última instancia, la cantidad de temas para los que crea páginas de pilares debe coincidir con la cantidad de productos, ofertas y ubicaciones diferentes que tiene su empresa. Esto hará que sea mucho más fácil para sus prospectos y clientes encontrarlo en los motores de búsqueda sin importar las palabras clave que utilicen. Cada página *web* debe incluir contenido relevante para sus prospectos y clientes, y debe incluir imágenes y enlaces a las páginas de su sitio para mejorar la experiencia del usuario. Hablaremos sobre esos enlaces en el paso 4.

Paso 4: configure un *blog*

Los *blogs* pueden ser una forma increíble de clasificar las palabras clave y atraer a los usuarios de su sitio *web*. Después de todo, cada publicación de *blog* es una nueva página *web* que le brinda otra oportunidad de posicionarse en los motores de búsqueda. Si su empresa aún no tiene un *blog*, configure uno; en el sector turismo es muy valorado por los turistas tener información personal y de primera mano. Aquí es donde elaborará cada subtema y, de hecho, comenzará a aparecer en Google. A medida que escribe cada publicación de *blog* y llena sus grupos, debe hacer tres cosas:

1. Primero, no incluya su palabra clave de cola larga más de tres o cuatro veces en toda la página. Google no considera coincidencias de palabras clave exactas con

la frecuencia que solía hacerlo. De hecho, demasiadas instancias de su palabra clave pueden ser una señal de advertencia para los motores de búsqueda de que usted está «lleno de palabras clave». Esto puede penalizar su sitio *web* y bajar su rango.

2. Segundo, enlace a la página del pilar que creó sobre este tema. Puede hacerlo en forma de etiquetas en su sistema de administración de contenido (CMS) o como texto de anclaje básico en el cuerpo del artículo.

3. Una vez que publique cada publicación de *blog*, enlácela desde la página del pilar que admita este subtema. Encuentre el punto en la página de su pilar que presenta el subtema de este *blog* y vincúlelo aquí.

Al conectar tanto el pilar como el *cluster* de esta manera, le está diciendo a Google que existe una relación entre la palabra clave de cola larga y el tema general que está tratando de clasificar.

Paso 5: crear un plan de construcción de enlaces

El modelo de grupo temático es su camino hacia adelante en SEO este año, pero no es la única manera de lograr que el contenido de su sitio *web* tenga una clasificación más alta una vez que se haya creado. Los primeros pasos propuestos se dedicaron a las tácticas de SEO en la página. La construcción de enlaces es el objetivo principal del SEO fuera de página, y también es un factor importante en la forma en que los motores de búsqueda clasifican sus páginas *web*. ¿Qué es la construcción de enlaces?

La creación de enlaces es el proceso de atraer enlaces entrantes (también llamados «vínculos de retroceso») a su sitio *web* desde cualquier otro lugar de la *web*. Como regla general, cuanta más autoridad tenga la página en el sitio *web* de origen, mayor será el efecto que tendrá en el rango de la página *web* a la que está vinculado. Dedique algo de tiempo para intercambiar ideas sobre las diferentes formas en que puede atraer enlaces entrantes a su sitio *web*. Comience con poco: tal vez comparta sus enlaces con otras empresas locales a cambio de enlaces a sus sitios. Escriba algunas publicaciones de *blog* y compártalas en Twitter, Facebook, Google+ y LinkedIn. Considere la posibilidad de acercarse a otros *bloggers* para obtener oportunidades de *blogging* invitados a través de las cuales puede enlazar con su sitio *web*.

Otra excelente manera de atraer enlaces entrantes es usar su *blog* para publicar artículos relacionados con eventos actuales o noticias. De esa manera, tiene la posibilidad de vincularse con un influyente de la industria u otros *bloggers* en su industria.

Paso 6: manténgase actualizado sobre las noticias y prácticas de SEO

Al igual que el panorama de marketing en general, el espacio del motor de búsqueda está en constante evolución. Mantenerse al tanto de las tendencias actuales y las mejores prácticas es una tarea difícil, pero existen múltiples recursos en línea que pueden hacer que sea más fácil mantenerse al tanto de las noticias y cambios de SEO que pueden afectar su sitio *web* y su estrategia de SEO. Aquí hay algunos recursos para revisar:

- SEOmoz
- SEOBook
- Search Engine Land

Paso 7: mida y siga su éxito SEO

La estrategia SEO puede tomar mucho tiempo y esfuerzo. ¿De qué sirve gastar todo este tiempo y esfuerzo si no puede ver los frutos de su trabajo? Hay muchas métricas que puede realizar un seguimiento diario, semanal o mensual para mantener su plan de SEO en marcha y medir su éxito. Debido a que la métrica que le importa es el tráfico orgánico (el tráfico que proviene de un motor de búsqueda determinado), busque una herramienta que le permita realizar un seguimiento de su número de tráfico orgánico general y de cómo se clasifican sus páginas en cada palabra clave de cola larga. SEMrush es una excelente herramienta de informes para este propósito.

Cree un panel de control mensual con Excel, Google Sheets o un paquete de análisis *web* para que pueda controlar la cantidad de tráfico que llega a su sitio *web* desde la búsqueda orgánica.

Además, el seguimiento de páginas indexadas, clientes potenciales, rendimiento de la inversión (ROI), enlaces entrantes, palabras clave y su clasificación real en los SERPs (páginas de resultados del motor de búsqueda) puede ayudarlo a reconocer su éxito así como a identificar áreas de oportunidad.

Posicionamiento SEM y publicidad en RRSS

El SEM (*Search Engine* Marketing) o «marketing de motor de búsqueda» se utilizó una vez como término general para abarcar tanto la optimización de motores de búsqueda (SEO) como las actividades de búsqueda pagada. Con el tiempo, la industria ha adoptado el acrónimo SEM para referirse únicamente a la búsqueda de pago. En Search Engine Land, generalmente usamos SEM y/o «*paid search*» para referirnos a listados de pago, con el término más largo del marketing de búsqueda utilizado para englobar SEO y SEM. A continuación se encuentran algunos de los términos más comunes que también se usan para referirse a las actividades de SEM:

- Anuncios de búsqueda pagados;
- Publicidad de búsqueda pagada;
- PPC (pago por *clic*);
- PPC (pago por llamada);
- CPC (costo por *clic*);
- CPM (costo por cada mil impresiones).

La mayoría de los anuncios de búsqueda se venden en CPC/PPC, pero algunas opciones de publicidad también pueden venderse en CPM. Google AdWords es, en muchos sentidos, la plataforma de búsqueda de pago más popular utilizada por los especialistas en marketing de búsqueda, seguida de Bing Ads, que también sirve una parte importante de los anuncios en Yahoo. Más allá de eso, hay una serie de «plataformas PPC de segundo nivel», así como opciones de publicidad PPC en las principales redes sociales.

Además de cubrir las tendencias generales de búsqueda de pago, puede encontrar las noticias más recientes sobre SEM y consejos útiles para comenzar a utilizar los anuncios de PPC en las principales plataformas de marketing de búsqueda a continuación:

- AdWords de Google
- Bing Ads
- Yahoo: anuncios de búsqueda

Cada plataforma ofrece sus propias guías de inicio y útiles tutoriales. Otro recurso para principiantes es la guía de información privilegiada de Google (PDF). Desde la última actualización de la guía en 2008, la interfaz de usuario (interfaz de usuario) de Google AdWords ha cambiado, junto con varias características, pero la guía aún puede ofrecer una introducción útil.

La mayoría de los libros y artículos que hablan de las tendencias de PPC mencionan cosas como AR/VR, las nuevas y futuristas opciones de orientación, tan sofisticadas que es difícil creer que alguna vez funcionen, etc. Todo es genial y sí, te ayuda a entrenar su imaginación, pero en realidad no responde a la pregunta de cómo debe optimizar sus campañas de PPC existentes para mantenerse al frente del juego.

Tras un trabajo de investigación, he analizado las actualizaciones que Google Adwords ha llevado a cabo durante el 2018 y que seguirán evolucionando y funcionando durante 2019 y 2020, creando una lista de ajustes que debe de implementar en sus campañas de PPC.

1. Implemente las versiones de AMP para sus páginas de destino de PPC

En septiembre, Google presentó las páginas de aterrizaje de AMP para anuncios de texto. Este formato ya ha sido probado por algunos editores de noticias (como *The Guardian* y *Forbes*) y sitios *web* de comercio electrónico (Zalando y AliExpress), sin embargo, solo en búsquedas orgánicas. Las versiones de las páginas de AMP parecían cargarse «instantáneamente», o para ser más precisos, aproximadamente cuatro veces más rápido que las páginas normales. Los datos concretos dicen que necesita implementar AMP para sus páginas de PPC más pronto que tarde: cada segundo que tarda un sitio *web* en cargar conduce a una reducción del 7 % en la conversión. Al mismo tiempo, el 53 % de los visitantes del sitio móvil dejan una página si la carga se demora más de tres segundos, y dado que tiene que pagar cada vez que alguien hace *clic* en su anuncio, ya no puede permitirse el lujo de tener páginas de inicio lentas.

2. Aproveche al máximo las nuevas extensiones de anuncios.

Las extensiones de anuncios han sido desarrolladas por los profesionales del marketing desde que se presentaron por primera vez en 2015. No es sorprendente; proporcionan valor, son fáciles de implementar y le permiten captar la atención de un usuario al extender físicamente su anuncio y hacerlo más visible en la pantalla.

En 2017 se introdujeron varias extensiones nuevas, principalmente para los anunciantes que se dirigen a usuarios de dispositivos móviles:

- Extensiones de ubicación, extensiones de texto destacado y fragmentos estructurados para anuncios de solo llamada: si una llamada desde un teléfono móvil es una acción de destino para su empresa, debe probarla.

- Extensiones de mensaje de texto a *clic*: puede usarlas para simplificar las solicitudes de devolución de llamada o simplemente para agregar un toque personal a su anuncio.

- Nuevas extensiones de precios: a partir de 2017, están disponibles en todos los dispositivos (no solo en dispositivos móviles). Además, ahora puede establecer URL móviles distintas como páginas de destino para este tipo de extensiones.

- Extensiones de promoción (tanto para escritorio como para dispositivos móviles): en lugar de crear anuncios nuevos para cada oferta, use esta extensión para resaltar sus últimas promociones. Si tuvo la oportunidad de probarlo antes del Black Friday, probablemente hayas visto resultados sorprendentes.

- Finalmente, en la nueva interfaz de AdWords, es posible obtener una vista previa de su anuncio con todas las extensiones disponibles, tanto en la versión móvil como de escritorio.

3. Asegúrese de tener tres variaciones de anuncio por grupo de anuncios

Una de las mejores cosas que su equipo de PPC puede hacer para sus campañas en 2019 es agregar al menos tres variaciones de anuncios para cada grupo de anuncios. ¿Por qué es importante? Porque le indica a Google que le importa su CTR y sus conversiones. Cuando habilite la rotación de anuncios, podrá ver que el CTR y las conversiones en algunas de sus campañas crecerán hasta en un 70 %. Google parece avanzar hacia campañas de «autopiloto» cuando le proporciona varios anuncios y deja que haga el resto. Por lo tanto, es mejor que se prepare y agregue más variaciones de anuncios ahora si aún no lo ha hecho.

Durante mis diez años de experiencia profesional he analizado decenas de cuentas de AdWords para ver qué efecto tuvo el aprendizaje automático en el rendimiento. Si bien los resultados fueron positivos en general, hubo varias áreas en las que muchas campañas perdieron oportunidades en los principios básicos de

AdWords. Después de realizar más investigaciones sobre estos errores SEM, descubrí que no eran los únicos y que también tienen lugar en empresas del sector turístico. Por lo tanto, vea cada uno de los siguientes errores y no los cometa en su negocio.

a. Uso de palabras clave irrelevantes y amplias

El uso de términos cortos, obvios y populares es tremendamente competitivo. Para atraer tráfico a su negocio, no utilice palabras clave amplias. Engullirán su presupuesto rápidamente. De hecho, manténgalo preciso mediante el uso de palabras clave relacionadas con los negocios o productos. Ayudará a atraer el tráfico relevante a su sitio *web* y esto, a su vez, aumentará las posibilidades de conversión.

b. Pobres páginas de aterrizaje

¿Sabes que la mayoría de las personas busca en sus tabletas o teléfonos inteligentes? Es por eso que su página de inicio o página de inicio debe ser amigable para dispositivos móviles. Las páginas que son «demasiado grandes» o «no adecuadas para teléfonos o tabletas» no solo desanimarán a los espectadores, sino que también sacarán a su empresa de la competencia. Por lo tanto, asegúrese de que sus páginas de destino estén diseñadas de tal manera que se pueda llegar fácilmente a ellas a través de teléfonos inteligentes o tabletas.

c. Navegación de página incorrecta

Nada es más molesto que no poder obtener lo que está buscando en un sitio *web*. Asegúrese de tener una base de datos de contenido de fácil navegación para que los visitantes puedan encontrar fácilmente lo que desean. De lo contrario, el tráfico volverá a los «resultados de búsqueda» y Google hará que su sitio sea inadecuado e irrelevante para la búsqueda.

d. No usar extensiones de anuncios

Las extensiones de anuncio le permiten proporcionar al buscador una opción de páginas de destino. Al aparecer en la columna horizontal de la página de resultados de búsqueda, el visitante puede dirigirse hacia una variedad de ubicaciones dentro del sitio de su empresa y le ayuda a encontrar el producto deseado. Los productos destacados, las páginas de *blog* de la empresa y la información de contacto son algunos ejemplos de páginas visitadas con frecuencia, que puede usar como extensiones de anuncios.

e. Estrategias básicas de licitación

Las ofertas a largo plazo no se tratan solo de volumen, sino más bien de valor. Los términos de búsqueda más específicos y más largos son más valiosos que otros términos cortos, obvios y populares. Entonces, eso significa que su estrategia de ofertas es más esencial que nunca. Considere sus objetivos, competencia y presupuesto, y luego haga uso de la tecnología para explorar y notificar su estrategia de ofertas. Estas estrategias de puja aumentarán las posibilidades de conversión y le ayudarán a ganar más subastas de anuncios.

Social advertising, publicidad en las redes sociales

En un juego de pago por jugar, la publicidad en las redes sociales es una necesidad para las marcas. ¿Por qué es tan importante? Para empezar, el alcance orgánico se ha reducido en la mayoría de las redes principales. Los días de simplemente publicar en redes sociales y esperar que todos tus seguidores vean que todo ha terminado. En realidad, esa mentalidad ha desaparecido a lo largo de los últimos años. Hoy en día se trata de cómo se dirige a su audiencia, genera viajes de clientes y lleva personas a su sitio para realizar una compra. Las estrategias de pago en las redes sociales ayudan exactamente con eso.

Pero el verdadero desafío es comprender la entrada y la salida de la publicidad en las redes sociales, cómo comenzar, qué gastar y cómo funciona cada red. Eso es un montón de cosas, incluso para las marcas más experimentadas en las redes sociales. Sin embargo, estamos en las redes sociales para proporcionar información sobre nuestro contenido principal, que ahora gira en torno a la publicidad en las redes sociales.

Si apenas está comenzando en su negocio y en sus acciones en Ads, es importante comprender los conceptos básicos de la publicidad en las redes sociales. Cada organización funciona de manera diferente, por lo que contar con una estrategia adaptada a sus necesidades es ideal. El problema es saber por dónde empezar. Para ello, tendrá que tener claro las siguientes cuestiones:

1. Conozca los objetivos de su campaña y elija el mejor.
2. Seleccione cuidadosamente sus plataformas sociales.
3. Encuentre el punto medio de la orientación de su audiencia social.
4. Mézclelo perfectamente con contenido orgánico.
5. Tenga un embudo específico para los usuarios que llegan de anuncios.
6. Optimice su estrategia de oferta social.
7. Actualice y pruebe todo.

Ahora que conoce los conceptos básicos, probablemente tenga una idea de dónde desea implementar su estrategia. Sin embargo, el pago social no es lo mismo en todas las redes. La ejecución de los anuncios de Facebook es diferente a la de Twitter, por lo que su estrategia también debe ser única para cada red social. Aquí desgloso de manera resumida estrategias específicas para cada red social importante:

Estrategia de publicidad de Facebook

Cuando se trata de anuncios sociales, Facebook es el rey. La clave para cualquier marca es comprender cómo construir audiencias, dirigirse a usuarios específicos, reorientar a ciertos grupos y medir el éxito. Esta guía proporciona una excelente descripción general si te diriges a Facebook para las redes sociales de pago. Los números no están relacionados con la potencia de fuego de marketing de Facebook. Ya sea que tenga curiosidad por el alboroto que rodea a los anuncios de Facebook o si está buscando afinar sus campañas de publicidad en las redes sociales actuales, 2019 está a punto de ser un hito importante para la red social más grande del mundo.

Dicho esto, tener éxito con la publicidad de Facebook no es tan fácil como pulsar un interruptor. Desde apuntar a usuarios específicos hasta encontrar el formato de anuncio correcto, hay toneladas de variables que pueden hacer o deshacer sus campañas. Estos son cuatro consejos para optimizar su estrategia de publicidad de Facebook:

1. Elegir el público objetivo correcto.
2. Prueba diferentes tipos de anuncios de Facebook.
3. Aprovecha el poder del *re*marketing de Facebook.
4. Ejecución de una estrategia económica de publicidad de Facebook.

Estrategia de publicidad de Instagram

Instagram también utiliza el administrador de anuncios de Facebook, por lo que realmente es un buen segundo paso para los anuncios en las redes sociales. Sin embargo, hay muchos matices para la publicidad de Instagram, así que marque esta guía para comenzar. ¿Su marca está ansiosa por entrar en la publicidad de Instagram? Pues diferénciese de los millones de anunciantes que ya usan Instagram. ¿Está gastando demasiado en campañas? ¿Tiene la orientación más eficiente posible? Casi todos los comercializadores de redes sociales tendrán algo que decir.

Ya sea que haya sido «un éxito», «es caro» o «no lo hemos probado todavía», todavía hay muchos anunciantes que buscan aprender más. De acuerdo con un informe del primer trimestre de 2018 de 4C Insights, el gasto total en publicidad en las redes sociales ha aumentado casi un 62% año tras año. Se puede decir mucho sobre Instagram Ads, pero voy a ser directo. Le ofrezco los seis pasos sobre cómo crear anuncios de Instagram sin perder de vista su presupuesto:

1. Elija su objetivo de marketing de Instagram.
2. Nombre su campaña publicitaria de Instagram.
3. Seleccione sus ubicaciones.
4. Establezca su audiencia.
5. Defina su presupuesto y horario de publicidad en Instagram.
6. Elija un formato de anuncio de Instagram.

Estrategia de publicidad de Twitter

¡No se olvide de Twitter! Varias marcas ven un éxito masivo con la publicidad en Twitter. Pero solo lanzar euros publicitarios en una campaña y esperar que funcione no es una estrategia inteligente y puede resultar un gran montante de dinero desperdiciado.

A veces, exprimir al máximo su presencia social significa ejecutar la campaña ocasional de pago. Si las marcas continúan incrementando su gasto en publicidad social en diferentes plataformas, Twitter no es una excepción.

Si bien constantemente escuchamos sobre el predominio de los anuncios de Facebook y la popularidad de las campañas pagadas en Instagram, las marcas no deben ignorar el poder de la publicidad de Twitter. De hecho, los anuncios de Twitter representan una bestia totalmente diferente en comparación con Facebook o Instagram. Las tasas de participación en las campañas de Twitter aumentaron un 151 % el año pasado, y la plataforma atribuyó gran parte de su éxito a la popularidad de sus anuncios de vídeo. Claro, las marcas no tienen escasez de opciones cuando se trata de ejecutar campañas sociales de pago. Sin embargo, esto es lo que diferencia a los anuncios de Twitter:

- Los anuncios de Twitter son sutiles;
- Los anuncios de Twitter son rentables;
- Los anuncios de Twitter son altamente personalizables.

Los anuncios de Twitter se pueden dividir en tres categorías distintas:

Cuentas promocionadas

Para las marcas que buscan aumentar sus conteos de seguidores, las cuentas promocionadas representan propiedades inmobiliarias de primer nivel en Twitter. Este tipo de anuncio esencialmente coloca su marca al frente y al centro en las secciones de «a quién seguir» de su audiencia, dejándole a solo un *clic* de distancia de las nuevas perspectivas.

Tendencias promocionadas

Otra estrategia para poner a su marca frente a más seguidores es ponerse al tanto de los temas de tendencias de su audiencia. Usando un *hashtag* de marca, las empresas pueden alentar los *clics* y seguidores a impulsar una promoción, evento o anuncio relevante.

Tweets promocionados

Los *tweets* promocionados son donde las marcas realmente brillan en términos de creatividad, personalidad y rendimiento publicitario. A través de la promoción de *tweets* específicos, esencialmente usted empuja una valla publicitaria de tamaño reducido a su público objetivo. El objetivo de estos anuncios es, en última instancia, impulsar los *clics* que se traducen en seguidores y clientes potenciales.

E-commerce

El *e-commerce* es la abreviatura de «comercio electrónico» y cualquier transacción comercial que se realiza electrónicamente. El comercio electrónico es más conocido como el proceso de compra y venta de artículos físicos o electrónicos en línea. Los ejemplos incluyen compras minoristas en línea, sitios de subastas como eBay, comercio de bienes y servicios entre corporaciones y banca en línea. En 2018, el comercio electrónico ha sido más popular que nunca. Para muchas personas, ha reemplazado a las tiendas físicas como la forma preferida de comprar. Los dispositivos móviles han contribuido en gran medida al aumento del comercio electrónico: se estima que los móviles representarán más del 70 % de todo el tráfico de comercio electrónico para fines de este año.

Los sitios de redes sociales como Facebook también han ayudado a que el comercio electrónico gane popularidad. Facebook reportó ingresos por publicidad de 9.16 mil millones de dólares en el segundo trimestre de 2017 (que es un aumento del 47 % desde el segundo trimestre de 2016), y el 87 % de los ingresos publicitarios generales de Facebook provienen de dispositivos móviles. A medida que los sitios de redes sociales se fusionan con plataformas de comercio electrónico como Shopify, más personas comenzarán a integrar el comercio electrónico en sus hábitos diarios de compra.

El comercio electrónico no va a ningún lado, y solo va a seguir creciendo: según Digital Commerce 360, el comercio electrónico representará el 17 % de todas las ventas minoristas para 2022.

Tipos de comercio electrónico

Hay tres tipos principales de transacciones de comercio electrónico:

- *Business-to-business* (B2B), en el que una empresa vende directamente a otra empresa;
- *Business to consumer* (B2C), en el que una empresa vende directamente a los consumidores;
- Consumidor a consumidor (C2C), en el que un consumidor vende a otro en una subasta o en las redes sociales (eBay y Craigslist son buenos ejemplos de esto, pero también lo es el mercado de Facebook).

Aunque las compras en línea son la forma más obvia de comercio electrónico, la banca en línea también se considera, técnicamente, comercio electrónico.

Beneficios del comercio electrónico

El comercio electrónico es beneficioso para las empresas de varias maneras importantes: puede reducir los costos al limitar los gastos de poseer y administrar una tienda física. Es más rápido y más conveniente que la mayoría de las transacciones comerciales tradicionales, y puede llegar a los consumidores en áreas donde las barreras geográficas habrían impedido la expansión de las ubicaciones físicas de venta minorista. Invertir en el comercio electrónico también puede aumentar los ingresos: permite que las empresas lleguen a más clientes que las ubicaciones físicas por sí solas, y también tiene un gran potencial para influir en más compras en las tiendas.

Para los consumidores, el comercio electrónico reduce los costos al ofrecerle más opciones. Por ejemplo, si quiere irse de vacaciones y comprar un paquete turístico y decide hacerlo mediante una agencia de viajes, debe pagar los precios de dicha agencia por adquirir el paquete turístico. En línea, puede comparar los costos de todas las actividades que puede incluir como agencia electrónica y ofrecer una mejor oferta a sus clientes, ya sea en paquetes o de manera individual por cada concepto. Esencialmente, el comercio electrónico le permite comparar precios con todo el mundo, en lugar de solo su región geográfica, lo que le puede dar el lujo de elegir la mejor marca para su presupuesto.

A medida que evoluciona el comercio electrónico, es importante vigilar las tendencias del comercio electrónico. Incluso si usted solo tiene todavía una tienda física, aún puede beneficiarse aprendiendo sobre el comercio electrónico, ya que el comercio electrónico es un buen indicador de lo que los consumidores esperan y desean de su experiencia de compra.

De las agencias de viajes al *e-turismo*

« [...] el *e-turismo* se refiere a un fenómeno y área de investigación en la que la adopción de tecnologías de información y comunicación (TIC) por parte de turistas y empresas transforma los procesos y las cadenas de valor en la industria del turismo. Este desarrollo cambia el proceso dentro de un negocio u organización mientras se reconfigura el paisaje del comercio» (*The Encyclopedia of Tourism*).

En términos más simples, la industria de viajes se adapta a las preferencias cambiantes y las tendencias de viaje de los turistas. La forma en la que los clientes plantean sus viajes se ha visto alterada por la introducción de nueva tecnología de viajes, y las empresas de turismo deben reaccionar rápidamente para retener a los clientes. Como la información está cada vez más disponible al alcance de la mano y las personas pasan más tiempo en dispositivos móviles, la industria de viajes debe estar preparada para las personas que reservan sus vacaciones en el bar/oficina/playa/dormitorio en todo momento del día. En el lado turístico de la evolución de la tecnología de viajes, hacer un viaje nunca ha sido tan fácil. La forma en que los clientes investigan, reservan y comparten sus vacaciones se ha convertido en un ciclo continuo. Descubren un nuevo destino, investigan las opciones de viaje, reservan un viaje, comparten sus experiencias y ayudan a alguien a descubrir un nuevo destino para sí mismo.

La presencia digital es importante para las empresas que están en línea. La presencia digital es importante para las empresas que se dedican al comercio electrónico. Sin duda, el diseño *web* digital está madurando, y por supuesto está sujeto a las tendencias, mejores prácticas y estándares. Lamentablemente, Internet está repleto de sitios *web* mal diseñados y no optimizados. Para aprovechar esta lucrativa industria que se prevé que gane cinco mil millones de dólares en ventas para el año 2021, se necesita algo más que un mercado de múltiples proveedores ordinarios.

Es hora de que analicemos las cinco mejores prácticas de UX de *e-commerce* y obtengamos información sobre cómo aumentar la tasa de conversión de comercio electrónico.

El aumento de ventas guiadas

Los clientes que saben qué comprar y cuándo comprar tienen una mentalidad preestablecida. Para este tipo de clientes potenciales, es bastante razonable proporcionar suficiente información para ayudarlos a tomar decisiones de compra. Los nuevos clientes pueden saber o no qué comprar y cuándo comprar. Su sitio *web* debe darles un recorrido por las ofertas de productos. Lo más importante es que la venta debe basarse en el valor en lugar del precio.

Los clientes de descuento son clientes conscientes de los precios. Su sitio *web* debe guiarlos a categorías de productos y servicios donde los descuentos profundos y perennes están a la vista. ¿Puede convertir a los internautas ocasionales en posibles clientes potenciales? ¡Por supuesto que sí! La clave es diseñar su mercado de múltiples proveedores de tal manera que se involucre en un diálogo interactivo y orientado a las necesidades con ellos. Es importante identificar sus necesidades más latentes. Para todos los efectos, su mercado de múltiples proveedores debe guiar a los diferentes tipos de audiencias en consecuencia.

La presencia del vídeo

El vídeo es omnipresente. Los vídeos están en todas partes en la *web*. Aunque algunos profesionales de UX consideran el vídeo como un elemento de UX polémico, respondo por los vídeos. ¿Por qué debería usar vídeos en su sitio de comercio electrónico? Hay muchas razones:

- No hace mucho tiempo, el algoritmo de Google cambió de la indexación en el escritorio al móvil. Esto se puede atribuir al hecho de que las ventas en teléfonos móviles excedieron las de los equipos de escritorio. Los vídeos a menudo se miran en dispositivos móviles. No se puede negar que los vídeos de descripción de productos despiertan el compromiso en las perspectivas.

- Es probable que los clientes compren más si obtienen críticas positivas de otros clientes. Vídeos generados por el usuario, es decir, los testimonios de los clientes pueden hacer maravillas para perpetuar la positividad entre los nuevos clientes.

- En la mayoría de los casos, los clientes llaman a los representantes de los clientes para conocer un producto, la manera correcta de ensamblar sus partes, etc.

Los vídeos se pueden usar para demostrar claramente cómo se usa el producto y cómo se ensambla. Los vídeos minimizan las llamadas de atención al cliente. Y lo que es más importante, reducen el rendimiento de los productos debido a la notable ineptitud de los clientes para utilizarlos.

La importancia del rendimiento

Por supuesto, los elementos de diseño y las entidades visuales son componentes indispensables de UX. Pero la importancia del rendimiento del sitio *web* no se puede descartar. Cuando mis clientes me preguntan cómo aumentar la tasa de conversión del comercio electrónico, insisto en prestar atención a los siguientes indicadores clave de rendimiento (KPI) del sitio *web*:

- **Velocidad de carga: no espere a sus prospectos.** El tiempo de carga debe ser inferior a tres segundos. Para verificar la velocidad de carga de su mercado *multivendor*, use Pagespeed Insights de Google.

- **SEO**: el contenido del sitio *web* debe ser optimizado no solo para navegadores, sino también para humanos. En otras palabras, el contenido debe ser comprensible y legible. Las letras deben ser legibles. Preste atención a los mapas de sitio de esquema y XML. Y no ignore las etiquetas y elementos de SEO. En esencia, su sitio *web* debe ser experto en SEO.

- **CMS disponible**: las audiencias son receptivas al contenido atractivo y fresco. Pero tu trabajo no ha terminado todavía. Para alcanzar el impulso de marketing, debe permitir que su público publique y edite contenido. Puede utilizar un CMS (sistema de gestión de contenido) a este respecto.

La personalización de la entrega

En la mayoría de los casos, los entusiastas del comercio electrónico prestan escasa atención a la personalización de la entrega. Esta es una dura realidad. UX o User Experience no se limita al diseño del sitio *web* y las plantillas temáticas. Según el informe de investigación del consumidor de MetaPack, el 39 % de los compradores opinó que nunca volverían a comprar con un comerciante en línea después de una experiencia de entrega negativa.

Los gigantes del comercio electrónico como Amazon a menudo ofrecen opciones de envío gratuitas y rápidas. Debido a Amazon y otros gigantes, las pequeñas empresas se encuentran bajo una tremenda presión para ofrecer opciones de entregas gratuitas y rápidas.

¿Pueden las pequeñas empresas obtener ganancias con entregas gratuitas y rápidas? ¡No! La clave es ser honesto con sus clientes. El mismo informe sugiere que casi el 35 % de los compradores en línea colocan la comodidad por encima del costo. Indique la fecha exacta de entrega, la hora y el lugar de la entrega.

La simplificación del proceso de pago

Muchos sitios de comercio electrónico han acortado su proceso de pago para mejorar la experiencia del usuario. Lamentablemente, no todos los pasos se pueden eliminar. El proceso de pago con un solo *clic* es más fácil de decir que de hacer. La clave es simplificar el proceso en lugar de eliminar todos los pasos. Puede usar los asistentes de Checkout que ayudan a los clientes a comprender las diferentes etapas de la transacción, su lugar en el proceso, etc.

Debe haber suficientes opciones de pago para invitados. Incorporar funciones como formularios y secciones de entrada de dirección para simplificar el proceso. Gracias a las opciones de monedero digital como Apple Pay, la compra de teléfonos móviles es fácil.

Sea creativo y personalice su experiencia de entrega a un precio adicional para mantener a sus potenciales clientes satisfechos.

RRSS

De acuerdo con Hosteltur el 92 % de los viajeros sienten el impulso de compartir sus experiencias en las redes sociales. Usted, como profesional del negocio turístico, puede y debe fomentar esta participación para que hablen de su marca. Cada vez más los viajeros recurren a los medios digitales para planificar sus vacaciones. Al igual que tenemos el *customer journey* a nivel general, en el sector turístico trabajamos con el *traveller journey*. Este lo definimos como el «viaje» que realiza nuestro cliente por todos los momentos digitales multi-dispositivos (sin olvidar los canales o medios *offline*) en los que los clientes reciben información y recaba todos los datos necesarios para tomar una decisión final sobre su viaje o consumo de un bien o servicio turístico.

Como responsables del departamento de marketing o responsable de nuestro negocio del sector turístico, tenemos que ser capaces que identificar todos y cada uno de estos puntos que condicionan la percepción de nuestros clientes en la toma de decisión. Gracias a la correcta identificación de las diferentes etapas del *traveller journey*, podrá dar respuesta a algunas respuestas clave para su negocio y su optimización de recursos y tiempo, destacando entre otras. ¿Dónde y de qué forma he de invertir esfuerzo y dinero para lograr una máxima conversión?

125

Una buena estrategia, análisis profundo y el desarrollo de una «caja de herramientas» digitales hará posible que conozca el comportamiento de sus clientes. De acuerdo a investigaciones llevadas a cabo por Facebook, el 52 % de sus usuarios confirman haberse inspirado en las fotos y experiencias de sus amigos publicadas en la red social para realizar sus futuros viajes. En este entorno identifico, de acuerdo con el último estudio de Online Travel Marketing Trends, tres etapas claves en donde más se puede ver influida la decisión de un cliente y el tipo de impacto que generan las redes sociales.

Planificación y redes sociales

Antes de planificar un futuro viaje, el 20 % de viajeros utiliza las redes sociales como fuente de inspiración para escoger su futuro destino (27 %), hotel (23 %), actividad (22 %) o restaurante (17 %), entre otros.

Durante el viaje y redes sociales

Los viajeros se encuentran permanente conectados a las redes sociales mientras están viajando. Se estima que el 72 % de los turistas publican fotos de su viaje mientras disfrutan del mismo, y que el 70 % de los ellos suele cambiar su estado en Facebook mientras está de vacaciones.

Después del viaje y redes sociales

Merece la pena puntualizar que los turistas siguen usando las redes sociales una vez han finalizado su viaje para contar su experiencia. Al regresar a su lugar de origen, el 55 % de los turistas suelen dar «*likes*» a páginas de Facebook relacionadas con su destino vacacional, el 46 % suele publicar comentarios sobre su hotel, el 40 % suele publicar comentarios sobre las actividades que ha llevado a cabo durante su viaje y el 40 % publica opiniones sobre los restaurantes en los que estuvo.

En resumen, de acuerdo con mi experiencia en el sector, largas charlas con compañeros de profesión y lo que he podido identificar en horas de investigación en medios sociales, las redes sociales pueden utilizarse de siete maneras diferentes para el sector turístico por parte de las empresas:

1. Presentar y promocionar lugares «desconocidos» al mundo.
2. Atención al cliente.
3. Descubrir más comunidades.
4. Vende experiencias y emociones.
5. Promoción gratuita mediante «boca a oreja».
6. Seguir las tendencias del mercado.
7. Aumentar nuestra presencia, visibilidad y alcance de la marca.

Facebook

Si sus clientes están en Facebook, usted tiene que estar en Facebook. Es la red social con más usuarios activos del mundo. El uso de Facebook para turismo es casi obligatorio. Seguramente, Facebook fue la primera red social en la que se abrió un perfil y aún lo consulta casi a diario. Así que, ¿por qué no pensar que sus clientes hacen lo mismo? Aunque mirando los números puede parecer que el crecimiento de Facebook está estancado en comparación a otras redes sociales, nada más lejos de la realidad: sus usuarios siguen estando activos, consumiendo la información que encuentran en sus muros a diario.

Cada vez resulta más difícil aumentar nuestra comunidad en Facebook. El número de impresiones de una marca no para de descender. Los usuarios se han cansado de que las marcas copemos su muro. Facebook ha endurecido las condiciones para que las empresas mantengan su visibilidad. Si nos centramos en el *online* de los turistas, vemos que estos cada vez usan más Internet para comprar, y más las redes sociales para compartir su experiencia. Un ejemplo muy claro de esta tendencia es la aparición de hoteles sociales, un caso clarísimo de cómo una empresa turística toma las riendas de la comunicación con sus clientes y aprovecha al máximo las posibilidades de las redes sociales. No puede perder la oportunidad de formar parte de este cambio, y Facebook se va a convertir en una herramienta clave para que su marketing turístico triunfe. A continuación le muestro como usar

Facebook para triunfar en el competitivo sector turístico:

1. No use Facebook para la venta directa.
2. Tenga un objetivo claro y una estrategia.
3. Construya una voz humana para su negocio.
4. Publique regularmente contenidos.
5. Promueva los comentarios de sus seguidores y responda rápidamente.
6. Use fotos y vídeos.
7. Nutra sus relaciones con potenciales y actuales clientes.
8. Promocione su página de Facebook.
9. Utilice Facebook Insights para aprender más sobre sus clientes.
10. Construya una imagen de marca y una comunidad.

Instagram

Instagram es una red social creada para compartir fotos y vídeos desde cualquier *smartphone*. Al igual que en Facebook o Twitter, todos los que crean una cuenta de Instagram tienen un perfil y una fuente de noticias. Cuando un turista publica una foto o un vídeo en Instagram, se mostrará en su perfil. Otros usuarios que le sigan verán sus publicaciones en su propio *feed*. Del mismo modo, verá publicaciones de otros usuarios a los que elija seguir. Por lo tanto, como empresa, tendrá que potenciar los contenidos en su perfil y en el de sus clientes siempre y cuando compartan algo de su negocio.

Bastante sencillo de entender, ¿verdad? Es como una versión simplificada de Facebook, con énfasis en el uso móvil y el intercambio visual. De hecho, Instagram pertenece a Facebook. Al igual que otras redes sociales, puede interactuar con otros usuarios en Instagram al seguirlos, seguirlos, comentarlos, dar a «*like*», etiquetar y enviar mensajes privados. Incluso puedes guardar las fotos que veas en Instagram. Instagram está disponible de forma gratuita en dispositivos iOS y Android. También se puede acceder a él en la *web* desde un ordenadore, pero los usuarios no pueden compartir ningún contenido desde el mismo, solo se puede hacer mediante sus teléfonos inteligentes.

¿Para qué y cómo usar su empresa esta red social? Interiorice los siguientes consejos si quiere triunfar en Instagram:

1. Construya *branding*.
2. Trabaje las imágenes que suba.
3. Saque provecho de los filtros en cada fotografía.
4. Instagram es más que fotos.
5. Tenga una cierta periodicidad en las publicaciones.
6. Refuerce la información que sugiere en cada fotografía.
7. Utilice *hashtags* para completar el mensaje y posicionar muy bien su publicación.
8. Aproveche las *stories*, es lo más viral de la red social.
9. Interactúe con sus clientes y seguidores, consiga crear una gran comunidad y *engagement*.
10. Retransmita algún directo; los *live streaming* están de moda.

Twitter

Twitter se encuentra en el sitio de redes sociales y noticias en línea donde las personas se comunican en mensajes cortos llamados *tweets*. Las empresas emplean Twitter para escribir mensajes cortos a su red de *followers* o seguidores con la expectativa de que sus mensajes sean útiles e interesantes para su audiencia. Twitter es considerada como una red social, pero nació bajo el formato de *microblogging*, por lo que los «twitteros» también lo usan para escribir sus opiniones sobre un tema en concreto. El gran atractivo de Twitter se encuentra en su rapidez y facilidad de escaneo: puede hacer un seguimiento de cientos de usuarios de Twitter que su empresa o que una persona en general considere interesante y leer el contenido de cada uno de ellos con solo echar un vistazo. Esto es importantísimo en una época en donde tenemos exceso de información y es muy fácil tener un déficit de atención.

Twitter emplea una restricción de tamaño de mensaje para mantener su esencia y ventaja competitiva con el escaneo: cada entrada en Twitter está limitada a 280 caracteres o menos, aunque se pueden usar hilos de conversación para ampliar lo que quiera decir, o su diálogo. Esta restricción en el número de caracteres promueve el uso concreto e inteligente del lenguaje, lo que hace que los *tweets* sean muy fáciles de escanear y también muy difíciles de escribir bien. Esta restricción de tamaño realmente ha hecho de Twitter una herramienta social popular. Si usted quiere triunfar en Twitter, siga los siguientes pasos:

1. Conecte con los clientes.
2. Segmente para triunfar.
3. Comparta con su comunidad.
4. Live Tweeting promociona el momento.
5. Hay que ser dinámico.

Pinterest

Ha oído hablar de él por amigos, lo ha leído en *blogs* y probablemente está convencido de que es una de las cosas más populares de la *web*. Todos están en Pinterest y parece que a todos les encanta, pero ¿qué es exactamente? ¿Debería subirse también al carro? Puede pensar en Pinterest como un tablón de anuncios o un tablón de anuncios basado en la *web*, pero con una mayor funcionalidad organizativa. También puede considerarlo como una herramienta de marcadores.

Las personas generalmente fijan o guardan las imágenes que encontraron en la *web* (o en la propia Pinterest) en diferentes tableros (que se utilizan para clasificar sus colecciones de imágenes). En muchas de las imágenes guardadas en Pinterest se puede hacer *clic*, y se abren en una nueva pestaña a la página *web* original donde se encontraron. Pinterest también es una red social. Los usuarios interactúan entre sí a través del gusto y los comentarios, volviendo a guardar las cosas de los demás y enviándose mensajes privados entre ellos. Por ello, puede incrementar su comunidad, su posicionamiento digital y las ventas si:

1. Tiene un perfil completo.
2. Enlaza con otras redes sociales.
3. Inyecta tráfico a su *web*.
4. Hace que la clave sea «visual».
5. Busca y sigue al líder.
6. Organiza por temas y elige nombres llamativos para sus tableros.
7. Vende, pero sin querer vender.
8. Aprovecha la información.
9. Humaniza los contenidos.
10. Utiliza herramientas de análisis.

Analítica y monitoreo de las redes sociales

El análisis de redes o medios sociales (Social Media Analytics) es un término que se usa para describir el proceso de recopilar y consolidar datos en bruto de canales de redes sociales como Facebook, Twitter, y *blogs* —e incluso foros como los de atención al cliente y comunidades de usuarios— y analizarlos para apoyar la planificación y la toma de decisiones. A medida que más gente del todo el mundo usa las redes sociales para comunicarse con sus amigos y familiares, el análisis de redes sociales juega un papel más importante en el reconocimiento de marca, adquisición y retención de clientes, y otras estrategias de venta y marketing.

Sin duda, los medios sociales han cambiado la forma en que usamos el marketing para promover nuestros negocios y diversas ofertas. Ahora tiene la oportunidad de difundir mensajes dirigidos a través de una gran cantidad de herramientas y canales, de manera prácticamente gratuita. Pero el marketing en las redes sociales tiene su efecto en usted en términos de tiempo. Tiene que dedicar tiempo y esfuerzo para crear una estrategia de redes sociales apropiada. A continuación, deberá crear contenido para compartir, y finalmente tendrá que definir líneas de tiempo para compartir ese contenido.

Independientemente de lo que haga o diga en relación con sus productos o servicios, su audiencia tiene sus propios pensamientos al respecto, y las redes sociales parecen ser la forma más práctica para que el público exprese su opinión. Si no mantiene el dedo en el pulso de nuestra audiencia, nunca podremos obtener todos los beneficios de las redes sociales. Además, sus esfuerzos pueden ser contraproducentes. Las herramientas de análisis de medios sociales le ayudan a conocer la verdadera información sobre sus acciones y el contenido que muestra en línea. Esto le da la oportunidad de eclipsar a la competencia y hacer que sus clientes regresen. Si se usan bien las herramientas de análisis, puede obtener los siguientes beneficios:

1. Le ayudan a entender a su audiencia.
2. Le muestran cuáles son sus mejores redes sociales.
3. Los datos sociales pueden ayudarle a crear un mejor contenido.

4. Le ayudan a entender a los competidores.
5. Las métricas sociales pueden ayudarle a crear una mejor estrategia.
6. El análisis de redes sociales le muestra cómo se está desarrollando una campaña de redes sociales.

El monitoreo de las redes sociales es un proceso de uso de los canales de las redes sociales para rastrear, recopilar y extraer la información y los datos de ciertos individuos o grupos, generalmente compañías u organizaciones, con el fin de evaluar su reputación y discernir cómo se perciben en línea. El monitoreo de redes sociales también se conoce como escucha de redes sociales y medición de redes sociales.

Sus clientes tienen una voz, y lo más probable es que intenten comunicarse con usted a través de las redes sociales. El manejo de todos los mensajes individuales a través de sus canales sociales es una tarea compleja que a menudo requiere ayuda de las herramientas de monitoreo de las redes sociales. Por eso tiene que invertir en el monitoreo de las redes sociales. Cuando se implementa de manera efectiva, el monitoreo ayuda a mejorar el flujo de comunicación de su marca. ¿Todavía no está convencido? Eso está bien, porque hay siete beneficios innegables de la supervisión de las redes sociales que su empresa podría estar perdiendo:

1. Mejor comprensión de la escucha y monitoreo.
2. Hacerse más accesible a sus clientes.
3. Nunca perderse un mensaje relevante para la marca.

4. Mantenerse organizado con etiquetas de campañas de marketing.

5. Interactuar con sus principales defensores y clientes clave.

6. Entender lo que funciona (y no funciona) para los competidores.

7. Recuperar clientes perdidos.

Patrocinio

EDITATUM

Esta es la página destinada a ofrecer al lector y a los medios de comunicación, todos los datos e información sobre el patrocinador de este libro.

Puede contener su logo, una breve reseña de su actividad o producto e incluye los contactos web, de correo y telefónico.

Además, el patrocinador figurará en el espacio correspondiente en la contraportada del libro. Este patrocinio figurará en todas las sucesivas ediciones de la obra si éstas se produjeran.

Si desea recibir información sobre el patrocinio de los GuíaBurros puede dirigirse a la web:

www.editatum.com/patrocinio

Autores para la formación

C●nferencias
EDITATUM

Editatum y **GuíaBurros** te acercan a tus autores favoritos para ofrecerte el servicio de formación GuíaBurros.

Charlas, conferencias y cursos muy prácticos para eventos y formaciones de tu organización.

Autores de referencia, con buena capacidad de comunicación, sentido del humor y destreza para sorprender al auditorio con prácticos análisis, consejos y enfoques que saben imprimir en cada una de sus ponencias.

Conferencias, charlas y cursos que representan un entretenido proceso de aprendizaje vinculado a las más variadas temáticas y disciplinas, destinadas a satisfacer cualquier inquietud por aprender.

Consulta nuestra amplia propuesta en **www.editatumconferencias.com** y organiza eventos de interés para tus asistentes con los mejores profesionales de cada materia.

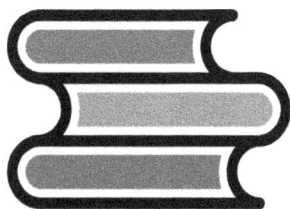

EDITATUM

Libros para crecer

www.editatum.com

Nuestras colecciones

Guías para todos aquellos que deseen ampliar sus conocimientos sobre asuntos específicos, grandes personajes, épocas, culturas, religiones, etc., ofreciendo al lector una amplia y rica visión de cada una de las temáticas, accesibles a todos los lectores.

Guías para gestionar con éxito un negocio, vender un producto, servicio o causa o emprender. Pautas para dirigir un equipo de trabajo, crear una campaña de marketing o ejercer un estilo adecuado de liderazgo, etc.

Guías para optimizar la tecnología, aprender a escribir un blog de calidad, sacarle el máximo partido a tu móvil. Orientaciones para un buen posicionamiento SEO, para cautivar desde Facebook, Twitter, Instagram, etc.

Guías para crecer. Cómo crear un blog de calidad, conseguir un ascenso o desarrollar tus habilidades de comunicación. Herramientas para mantenerte motivado, enseñarte a decir NO o descubrirte las claves del éxito, etc.

Guías prácticas dirigidas a la salud y el bienestar. Cómo gestionar mejor tu tiempo, aprenderás a desconectar o adelgazar comiendo en la oficina. Estrategias para mantenerte joven, ofrecer tu mejor imagen y preservar tu salud física y mental, etc.

Guías prácticas para la vida doméstica. Consejos para evitar el cyberbulling, crear un huerto urbano o gestionar tus emociones. Orientaciones para decorar reciclando, cocinar para eventos o mantener entretenido a tu hijo, etc.

Guías prácticas dirigidas a todas aquellas actividades que no son trabajo ni tareas domésticas esenciales. Juegos, viajes, en definitiva, hobbies que nos hacen disfrutar de nuestro tiempo libre.

Guías para aprender o perfeccionar nuestra técnica en deportes o actividades físicas escritas por los mejores profesionales de la forma más instructiva y sencilla posible,

www.ingramcontent.com/pod-product-compliance
Lightning Source LLC
Chambersburg PA
CBHW031944190326
41519CB00007B/646